平野 純

「無常先進国」ニッポン

AI時代を先取りする、日本仏教と日本人の世界観

楽工社

はじめに

人間は手足がついたクソ袋である。

これは仏教の開祖ブッダの言葉です。
「なんとまァ、ミもフタもない」と思われる方もいるかもしれません。が、これはすべてに「ありのまま」の事実を見ることを大切にしたブッダ（お釈迦様）の生き方からごく自然に生み出された言葉でした。

では、「ありのまま」とは何のことか？　それが、

「無常」

という真理です。

「無常」――これは仏教、つまりブッダの教えの最重要ワードですが、試みに仏教英語辞典でこの二文字を引くと、

impermanence

すなわち「永続きしないこと」を意味する単語がでてきます。どれほど健康自慢の人でも死なない人はいません。人間の肉体はいつかは必ず滅びるものです。それが人間をめぐる「ありのまま」の真理です。

ブッダが「人間は手足がついたクソ袋である」と言ったとき、そこにこめられていたのは、

「人間という生き物は永続きしない」

「とらわれるな」

「自由に生きよ」

という真理とそれにもとづく教えだったわけです。

日本は世界に冠たる「無常先進国」である――

わたしが本書でそう言うとき、それは、日本が右の洞察と教えを、たとえ直観的なものであれ、世界で最も賢明なやり方で消化し、「生き方」の背骨にすることに成功した国であることをさしています。

経済危機、大地震、そして戦争。日本はこれまで数多くの〝国難〟を体験してきましたし、これからも体験するでしょう。

最近――本文でもふれますが――ＰＴＧ（トラウマ後成長）という言葉をあちこちで耳にす

るようになりました。

何か大きなトラウマ（T）を体験した人がその後（P）、その体験を糧《かて》に成長（G）をとげることをさす言葉です。

簡単にいえば、ふりかかった苦難を逆手にとって飛躍のバネにすることですが、考えてみれば、これはまさに日本人のためにあるような言葉です。実際、自然災害であれ戦争であれ、日本人ほどその苦難の記憶をプラスのエネルギーに変えて活用するのがうまい国民はいません。

このマイナスの力をプラスに変える楽天主義の基礎にあるもの、それこそが、

「**無常の天分**」

と呼ぶにふさわしい日本人ならではの文化的な資質なのです。

これは――日本人はあまり気づいていませんが――近い将来、日本社会を見舞うであろう**社会的な大変動**（AIやロボットテクノロジーによる）に適応しそれらを飼い馴らすうえで大変貴重な、世界がうらやむような文化面での資産《アセット》になっています。

本書ではこれらをふまえ、第一部で日本人の「生き方」の特色をスケッチしたあと、「歴史」と「未来」に焦点をあてることで内容を二部に分けました。

まず第二部では、日本における「**無常**」**の歴史**についてみていきます。そこでは、日本人が「無常」の世界観を能動的で行動主義的な生き方のスキルに転化させた「**生き方革命**」**の**

歴史が語られます。

それを受けて第三部では「**無常」の世界観がいかに未来のＡＩ（人工知能）の時代向きに出来た性質をもつか**について、

「シンギュラリティ」

「仮想通貨」

「ポストヒューマン」

をはじめＩＴ（情報テクノロジー）の分野に関わる最新の項目ごとに明らかにします。

そこには「無常」という無形の資産をＡＩの時代に生かすためのヒントがぎっしり詰まっています。

日本人のもつ「無常の天分」、これは今後日本社会が迎えるであろう大変動を考えるとき、大いなる**アドバンテージ**になるでしょう。

このアドバンテージをもたない日本人はいません。

では、始めることにしましょう。

概要目次

目次

第四章　「あの世を語らない」禅の教えが日本人を変えた……109

第五章 ●「憂き世」から「浮き世」へ……134

第八章

第一部

日本人の知恵、「考えない生き方」

第一章・「無常先進国」の幕開け

PTG（トラウマ後成長）とは

PTG、これはpost traumatic growthの略語です。
日本語に直すと、

「トラウマ後成長」

一九九六年に米国の臨床心理学者リチャード・テデスキとローレンス・カルフーンの両氏が提唱した概念で、家族との死別や事故、自然災害など大きなトラウマになるような体験をした人が、その後それを栄養に目覚ましい精神的成長を達成することをさしています。

日本では二〇一一年三月十一日の東日本大震災や二〇一六年四月に熊本県を中心におきた一連の地震（熊本大地震）の後、ＴＶや雑誌等で紹介され、一般に注目されるようになりました。

トラウマ体験の後に起きる精神的な障害が、

ＰＴＳＤ（post traumatic stress disorder）

と呼ばれることは以前から知られていましたが、ＰＴＧはこれと対になる概念です。簡単にいえば、ＰＴＳＤでマイナスにはたらいた力を上手に**プラス方向に転換**してしまうケースがＰＴＧです。

では、なぜそのようなことが可能になるのでしょうか？

それを考えるうえで大きなヒントをあたえてくれるのが、「はじめに」でふれた、

impermanence

日本語になおせば「**永続しないこと**」という考え方です。これは、正確にいえば、「世界に永続するものなどない」あるいは「世界は永続的でないものにできている」という考え方です。

impermanenceには「永続しないこと」のほかに「**はかないこと**」という訳語もあります。

どうでしょうか？　「世界ははかないものである」――どこかで聞いたおぼえのある言葉ではありませんか？

日本を襲う「千年ぶりの地盤の動乱」

日本は世界のだれもが認める地震大国です。

地球の表面は十数枚の巨大なプレート（岩板）で覆《おお》われていますが、日本列島の周辺では、なんと北米、ユーラシア、太平洋、フィリピンの四枚のプレートが集中的にひしめき合っている。

日本人は、

「**地震の巣**」

のなかで暮らしているといわれるゆえんです。

しかもそれだけではありません。

二〇一一年三月の東日本大震災は日本の地盤そのものの環境を決定的に変えてしまい、列島は断層によるエネルギーがたまっては解放される、

「千年ぶりの地盤の動乱」

の時期に入っており、現在は日本全国どこで地震がおきるかわからない「ロシアン・ルーレット状態」のもとにあるという（鎌田浩毅『西日本大震災に備えよ』ＰＨＰ新書）

おまけに、これに火山の噴火が加わります。

日本列島の地下は、

「マグマ溜まりの巣」

でもあるからです。東日本大震災後の「地盤の動乱」はこれにも甚大な影響をおよぼさずにはおきません。

日本のマグマ学の第一人者である巽《たつみ》好幸さんによると、日本列島の地中に新しく生じた「引っ張り力」はマグマ溜《だ》まりを横方向に引きのばす形ではたらく。左右に引きのばされたマグマ溜まりは、圧力が下がり、時を選ばず、

「サイダーの栓を勢いよく開けた」

ように発泡し、**火山の噴火のリスク**を高めるといいます（『富士山大噴火と阿蘇山大爆発』幻冬舎新書）

巽さんによると、東日本大震災の直後に富士山が爆発しなかったのは、

「運がよかったとしか言えない」

のだそうです。

巽さんは日本列島の地盤は不安定こそが常態だとし、また多くの火山専門家がいうには、富士山が爆発した場合、噴火の場所によっては大規模な山体崩壊がおきる。いまのきれいな円《えん》錐《すい》形の山容は、真ん中が陥没したM字型の無残な姿に変わる可能性があるという！　まさに、

「あり得ない話」

ですが、これが日本列島の今日の**ありのままの事実**だというわけですね。

噴火で富士山がM字型に!?

富士山は日本のシンボルです。葛飾北斎（一七六〇？～一八四九）の『富嶽三十六景』などにも描かれ、外国では最近まで「フジヤマ、ゲイシャ、サクラ」が日本礼賛の決まり文句になっていました。

その姿はたしかに美しい。

歴史をふりかえると、富士山の最も新しい噴火はいまから三百年あまり前、宝永四年（一七〇七）の大噴火。このときは流れだした溶岩により山麓《さんろく》一帯は壊滅、火山灰は江戸の市

りました。

中にまでふりそそいだ。また、富士山自身、東南側のどてっ腹に大きな穴をつくることになりました。

が、いま現在の富士山は、遠目にはそんなことを忘れさせるほど優雅で凛《りん》としたたたずまいを保っています。

ただ、それもいつどうなるかわからないという。

日本の自然災害史の研究者によると、自然災害には一定のサイクルがある。明治維新後の一世紀余りは日本列島の歴史のなかでも例外的に地震や火山の噴火が少ない時期、**めぐまれた時期だった**そうです。

そういえば、昭和二十年（一九四五）、日本が米国との戦争に負け、主な大都市が空襲で焼け野原になり果てたとき、多くの人々が口にした言葉がありました。

「国破れて山河あり」

これはもともとは中国の唐代の詩人杜甫《とほ》（七一二〜七七〇）の『春望《しゅんぼう》』という詩からきている文句。

『平家物語』に登場する有名な一節に「諸行無常《しょぎょうむじょう》」とありますが、その言葉通り、明治維新このかた先人が営々と築きあげてきた万邦無比《ばんぽうむひ》を誇ったアジア初の近代的な大帝国は、あっけなく滅びてしまった。まるで一場の夢のように。

ところが、その惨憺《さんたん》たる大崩壊のただなかにあって、自然だけは変わらない静謐《せいひつ》な姿をたたえている。すべてを失い、敗戦にうちひしがれた日本人はそこに無限の慰めを見いだしたわけですね。

一方、いまわたしたちが目の前に突きつけられているのは、

「**山河すらあてにならない**」

という冷厳な事実です。

しかも、この先、東日本大震災級の地震は日本全国北から南までどこでも「ロシアン・ルーレット」のように起こり、火山は至るところで「サイダーの栓を勢いよく開けた」ように爆発するというのですから、おだやかではありません。きたるべき首都直下地震、また南海トラフ地震の引き起こす経済的な損失は少子高齢化社会を直撃する天文学的なものになると予想されています。

これでは、**お先真っ暗、悲観主義的な気分**が社会を覆ったとしても無理はないかもしれま

せん。

だが、それははたして正しいことでしょうか？

それでもニッポンが滅びない理由

ここで思い出すのは、こうした今日の日本の災害多発の試練はいまのわたしたちだけが経験することなのか？　ということです。

二〇一八年は明治維新という近代日本の建設の年から百五十年という節目の年になりました。

先ほど、

「明治維新後の一世紀余りは日本列島の歴史のなかでも例外的に地震や火山の噴火が少ない時期だった」

と書きました。これは裏をかえせば、地震や火山の噴火などが多発する時期こそが日本の自然環境にとってじつは「自然な」、あたりまえの時期だったことをおしえています。

この歴史のありのままの事実をありのままに認識することは大切です。

なぜなら、自然災害の多発の予感をまえに「お先真っ暗」の悲観主義にひたりがちなわた

したちを笑い飛ばすように、それは、

「**もう一つのありのままの事実**」

をおしえてくれるからです。

それこそがまさに、

「**それでもニッポンが滅びない理由**」

としてわたしが本書で書くことです。

人間は経験に学ぶ生き物です。人間が最高の知恵を得るのは自然を相手にするときです。自然は人生最高の教師です。

キリスト教やイスラム教は中東の砂漠の民の間に生まれました。そこには永遠に変わらない砂漠を生き抜くための、

「**生き方のスキル**」

とも呼ぶべき数多くのヒントが詰まっています。

同じように、自然がめまぐるしく変わる日本は、そこで暮らす人々ならではの**生き方の知**

恵をめぐむことになりました。

それはいったいなにか？

日本人の「考えない生き方」

本書の「はじめに」でPTG（トラウマ後成長）についてふれました。

そして、それは、

「日本人のためにあるような言葉」

であると書きました。

ある日突然大地が揺らぎ、前ぶれもなく山が爆発する特異な自然とそれがもたらす試練の経験の蓄積は、日本人の間にそうした転変定まることを知らない環境を生きぬくサバイバルの知恵をはぐくみました。それが、

「**考えない生き方**」

とわたしが呼んでいる生き方です。ただ、こう書くと「えっ」と驚く人がいるかもしれません。当然です。実際、フランスの哲学者パスカルの言葉を借りるまでもありません。人間

はまさに、

「考える葦」


であり、考えるところにこそ万物の霊長、人間という生き物の栄光があるからです。

ですが、「考えない生き方」をめぐるわたしの指摘は、こうした認識をふまえたものです。

つまり、これはプロセスとその結果の問題です。

あたりまえの話ですが、個人であれ国民であれ、「生き方」は天から降ってくるものではありません。それどころか、それは、

「経験をもとに徹底的に考えぬく作業」


を通じて初めて手にできるもの。

わたしたちの先祖といえども例外であるはずはありません。

本書が記すのは、この日本人が試行錯誤のすえに獲得した結果について、最高の知恵としての「生き方」についてです。

日本人はＰＴＧの達人か

一般に、人間の「生き方」に関して考える場合、それを大きく二つにわけて考えることが必要になります。

まず一つは、

「本人に意識された生き方」

もう一つは、

「本人に意識されない生き方」

です。

普通、わたしたちは、自身の生き方について自分なりの見方をもっています。「自分はだれよりも真面目に生きている」「自分はだれよりも家族を大切にする」「自分は友人を裏切らない」等々。いわゆる「生き方のポリシー」とか「人生哲学」と呼ばれるもので、これをもたない人はまれです。これらはすべて一番目にあげた「本人に意識された生き方」に属します。

一方、二番目の「本人に意識されない生き方」。これはふだんは意識の表面にのぼらない、無意識の底に沈んだ、

「生き方をめぐる思考の枠組み」

といえるもので、本書があつかう「考えない生き方」はこの無意識レベルの生き方にほかなりません。

それは日本人が「大地が揺らぎ、山が爆発する」自然環境の試練を通して歴史的に鍛えあげたもので、いわば日本人の、

「自覚せざるＰＴＧの達人」

としての生き方の基礎にあるものです。

戦国乱世に完成した日本人の「生き方革命」

もちろん、生き方に関してのものであろうとなかろうと、「思考の枠組み」といったものが一朝一夕にできあがるものではありません。日本人がＰＴＧの達人として「考えない生き方」を身につける、そして自在に駆使できるまでにはある一つの「革命」とそこに至るまでのプロセスが必要でした。

しかも、それは――ここが重要なところですが――庶民レベルでの根こそぎの大転換をともなうものでした。

その歴史的な「革命」のポイント、結論からいえばそれは、

「無常」観念の大転換

の一語に要約できるものです。

この日本人の「生き方」(way of life) を決めた大革命は、助走期間を入れれば五百年間を費やすという、かなり長い、それゆえに決定的な転換を約束するものになりました。革命が芽

吹いたのは十一世紀の初め、平安時代の末期のこと。花開き成就《じょうじゅ》したのが戦国真っ只中の十六世紀の初め。その頃にはいまにつづく、

「無常先進国」ニッポン

の姿がまさにゆるぎない形で出現することになりました。

五百年というと、革命と呼ぶには長すぎると思う方もいるかもしれません。が、ことが一つの国の人々の「生き方」の根底からの確立という大きな課題にかかわる以上、このくらいの時間を費やしたとしてもむしろ自然なことだといわなければなりません。

では、この日本人の精神史上ある意味で最もスリリングな「**生き方革命**」をドキュメント（文献）の形で証明してくれるものはなにか？

その問いに答えて本書が用意したのが流行歌です。


「歌は世につれ世は歌につれ」

という言葉があります。時代ごとに庶民に愛され、口ずさまれた歌、そこには「時代の切実な心」がこめられ、また逆にそうした歌が時代を作ってゆくということを表した言葉です。

わたしは、日本人が「生き方」を洗練させ、みずからを「生き方」の先進国民に押しあげたこの印象的な五百年を「**奇跡の五百年**」であると考えています。当時の流行歌、ヒットソングは、その間に日本人が、

「悲観を楽観に変えるマジック」

をわがものにしたことを鮮やかにおしえてくれます。

この五百年は、日本史の伝統的な区分からいうと、「中世」の夜明けを告げる平安末期から武士の本格政権が出来あがる鎌倉時代、そして足利尊氏が幕府を開く室町時代へと移る時代にあたりますが、ここではそこに応仁の乱を皮切りにする戦国乱世の大変動がふくまれていたことに注意してください。

というより、「PTGの達人」としての日本人の誕生という驚くべき「生き方革命」はこの血なまぐさい殺生《せっしょう》の匂いに満ちた乱世の只中に完成されたのです。

結論からいえば、日本人はこれにより静態的な「無常」を動態的な「無常」に転換し、きわめて洗練された「生き方のスキル」を磨きあげることに成功したのです。

それはどういうことか？

以下、第二部の各章では、そのことについて、この奇跡というしかない革命の端緒となっ

た歌、「いろは歌」を最初の手がかりとして見てゆきたいと思います。

第二部

「無常先進国」はいかに生まれたか

第二章・

日本人の「生き方革命」はいろは歌に始まった

芥川龍之介が見ぬいた「いろは歌」の秘密

第一章の最後のところで、日本人の「生き方革命」の端緒を作ったのは「いろは歌」だったと書きました。

「歌は世につれ世は歌につれ」といわれる通り、流行歌は一つの時代の心を映す鏡であると同時に、時代を作るものでもあります。人々はその鏡をのぞきこむことで、日々の生活のなかで自分の「**生き方**」**のイメージ**を固めてゆくことになるからです。では、その「いろは歌」とはなにか？　具体的にはどのような歌だったのでしょうか？

ここでは、それを見るための最初の材料として、ある日本人作家の「いろは歌」に関する発言を紹介することから始めたいと思います。

「いろは歌」は、後述の通り、平安時代末期、西暦でいえば十一世紀の初めに誕生した歌です。

じつは、この「いろは歌」を日本人の「生き方」と関連づけて論じた一人の作家がいました。

芥川龍之介（一八九二〜一九二七）——

短編小説のすぐれた書き手として鳴らし、死後その名を冠した芥川賞が創設された作家ですが、子供の頃から漢詩作りに秀でるなど、古今東西の書物に通じた教養人でもありました。

また、芥川は機知に富んだ警句の名手としても知られていました。

そんなかれが一九二三年から二七年まで雑誌『文藝春秋』に連載した警句をまとめた警句集に『侏儒《しゅじゅ》の言葉』があります。

そのなかで芥川はこんな文章を書いています。

「我々の生活に欠くべからざる思想は、あるいは『いろは』短歌に尽きているかもしれない」

どうでしょうか？　芥川がいう「いろは」短歌とは、わたしがのべた「いろは歌」のことです。「いろは歌」は平安末期の流行歌、中世の夜明けの十一世紀の初めに一世を風靡《ふうび》したヒットソングです。芥川龍之介は、わたしたちの現代の生活に不可欠な思想の中味はこの古いヒットソングに尽きているという。

歌は世につれ世は歌につれ①

芥川龍之介は、プロの歴史家ではありません。ただ、さきほど古今東西の書物に通じた人物だったと述べたように、その博識からくる直観的な洞察力には時の歴史家をうならせるほど鋭いものがありました。

しかも、それは日本の歴史にかぎったことではありません。芥川は幼少の頃から漢詩を作るのを好みましたが、大正十年（一九二一）、二十九歳の年に新聞社の特派記者として中国各地を旅した見聞をもとに発表した紀行エッセイ『上海游記《ゆうき》』（一九二一）は、いまでも中国を論じる専門書にしばしば引用される文献になっているほどです。

芥川は前出の『侏儒の言葉』のなかで、

「我々の生活に欠くべからざる思想」

として「いろは歌」の名に言及しました。ここにいう「思想」とは、資本主義思想とか社会主義思想といった政治的、社会的なレベルの思想をさすものではありません。それらのさらに基礎、根っこの部分に横たわる、

「日本人がもち続けてきた生き方のスタイル」

といったものを意味しています。芥川がこの警句をおさめた『侏儒の言葉』の連載を発表したのは一九二三年（大正十二年）から二七年（昭和二年）という、文字通り大正末期から昭和初めにかけての時期でした。

二〇一八年を起点にすれば、いまから百年近く前にあたる頃です。

この時期は、歴史研究者が「昭和モダニズム」と名づける、第一次大戦後の、日本の第二次世界大戦後にむけて加速する「近代文化《モダンカルチャー》」が初めて大規模に展開された時代で、映画やスポーツなど欧米から輸入された娯楽が爆発的な人気を得、いまのアイドルにあたる歌手や映画スターが次々と現われては人々を魅了し、新聞やラジオを中心とした情報メディアが発達をとげた結果、

「現代日本人の生活スタイル」

正確にいえばそのための環境のインフラが日本で確立された時期でした。が、芥川はそんな時代にあって、「いろは歌」などというその時代から見ても九百年も前の流行歌をもちだし、それがこれからのわたしたちの生活に決定的な意味をもつと言ったわけです。

歌は世につれ世は歌につれ②

「昭和モダニズム」を代表する言葉として、モダンボーイ、モダンガールをさす「**モボ、モガ**」という流行語があります。

当時、芥川の警句に接した読者の多くはさぞ面食らったと思います。なぜ若い「モボ、モガ」のカップルたちがハリウッドスターをまねたファッションで街を闊歩《かっぽ》する、見方によれば「浮薄《ふはく》」なまでに西洋化された時代に、よりによって平安時代の古文献、それも流行歌なのかと。

芥川龍之介が洞察をものしたのは、日本の近代社会の歯車がめざましく回りはじめた時期でした。

一つの時代の「正体」はその始まりと終わりに最もよく見えるものです。

そうはいっても、すべての人間に見えるわけではありません。

あいにく、見える人には見える、という形でしか時代はその「本質」を現わさない。芥川の、その天才的な嗅覚は、日本の近代生活の意味をだれよりも早く嗅ぎつけ、それに必要不可欠な「生き方」をわしづかみにつかみとっていたのです。

「いろは歌」は芥川が「いろは」短歌と記す通り、五七調からなる歌です。しかし、いわゆる「詠《よ》むための」短歌とは異なり、曲に合わせて歌われる流行歌でした。

この流行歌は平安時代の中期に発生したものでしたが、「いろは歌」の頃は、

今様《いまよう》

と呼ばれていました。「今様」とは今日の言葉でいえば「**現代風**」という意味ですから、「現代流行歌」と訳すことができます。

「いろは歌」は五七調といってもいわゆる短歌よりも長い、七・五・七・五・七・五・七・五でワンフレーズをつくる歌でした。

「色は匂へど散りぬるを」

「はじめに」でのべたように、本書は日本人の「生き方革命」をさぐる材料に時代ごとの流行歌を使っています。

「いろは歌」はさきほどふれた通り、平安末期に大流行した歌でしたが、流行歌の性格にふさわしくむずかしい言葉は一つも用いていない作品です。

ここでは、なにはともあれ、本文をかかげてみましょう。

下段に添えたのはそれを現代語訳した文章です。

色は匂へど散りぬるを　　山中に日を浴びる桜のようなはかなさを
わが世誰《たれ》ぞ常ならむ　　まぬがれる人生がどこにあろう。
憂《う》ひの奥山今日こえて　　それでも憂いに満ちた日々を生きてゆこう
浅き夢見じ酔ひもせず　　つかの間の夢も見ず、酔いもしないままに。

どうでしょうか？　歌詞の中味についてはのちにくわしく検討しますが、ぱっと見たところ、優雅でメランコリックなはかなさの匂いが漂う、

「人生の無常感」

を謳《うた》いあげた歌に感じられませんか？
じつは、この平安末期の大流行歌は、『涅槃経《ねはんぎょう》』という初期の仏教の経典にでてくるある漢詩を念頭に、それを翻訳して流行歌におきかえたものだったのです。
その元となった『涅槃経』の漢詩はつぎのものです。

諸行無常《しょぎょうむじょう》　あらゆるものは無常である。
是生滅法《ぜしょうめっぽう》　生じては滅びるのを理《ことわり》としている。
生滅滅已《しょうめつめつい》　生じては滅びる。
寂滅為楽《じゃくめついらく》　一切のものの寂滅こそは楽しみである。

これは『無常偈《むじょうげ》』というタイトルのもとに知られる有名な漢詩で、タイトルはそのままその中味を物語っていますが、この点についてはすぐあとでふれます。

ここでは、この漢詩の眼目になるのが第一句の「諸行無常」であり、第二句目と三句目は「諸行無常」の内容を噛《か》み砕《くだ》いて示したものであることを頭にいれておいてください。

読者の皆さんのなかには「諸行無常」と聞くと『平家物語』の冒頭の一節、「祇園精舎《ぎおんしょうじゃ》の鐘の声、諸行無常の響きあり」を思い出す方もいるでしょう。『平家物語』は「いろは歌」から二百年余りのちの鎌倉初期に原型が成立したものですが、そこに登場する「諸行無常」、これもまた「いろは歌」を追いかける形で『涅槃経』の漢詩から採られたものだったのです。

「いろは歌」をめぐるミステリー

芥川龍之介はこの「いろは歌」が、今日という時代を生きるわたしたちの「生き方」に必要なすべてを伝えている、と書きました。

しかし、ここで「待てよ」と思う人はいないでしょうか？

「いろは歌」は「諸行無常」の心を**エレガンスさあふれる憂愁**とともに謳っている。それはいいだろう。だが、なぜそれが中世どころか明治時代も飛び越えてわたしたちの「生き方」

に結びつき、しかも芥川がいうような「決定的な」意味をもたねばならないのか？と。

当然でてくる疑問だというべきですが、じつはそこにこそ本書をわたしが書く理由があるのです。というのも、芥川の指摘は「警句」の形でなされたものです。警句とはその性質上、「分析」ではありません。そこには「論証」は初めから期待されていません。つまり「論証」ぬきにいきなり「結論」のみを突きつけて読み手をハッとさせる――これが「警句」の役割になります（その意味で、「警句」は基本、「**言った者勝ち**」の世界です）

では、「論証」の作業の方はどうなるのか？

とどのつまり、その作業は警句に「ハッとさせられた」読み手にゆだねられることになります。これが警句を発することの意味です。本書が「いろは歌」についておこなおうとするのはそのことです。

「いろは歌」が仏教の経典の漢詩に由来するものであり、漢詩が『無常偈』と名づけられたこと、その現代語訳についてはすでに説明しました。

念のためにおさらいをしておくと、「いろは歌」は『涅槃経』の漢詩を平安時代の言葉に訳したもの、その内容をやさしい言葉に移し替え、今様という平安末期の流行歌の歌詞にとしこんだものでした。

そして芥川龍之介は「いろは歌」には、「わたしたちが現代生活を送るうえで必要な知恵」が凝縮的に示されているとのべた。わたしは芥川の指摘をふまえて、「いろは歌」が日本人の「生き方革命」の端緒になったと書いたわけです。

そう、「いろは歌」は日本人の**「生き方革命」の幕開け**を告げる歌になりました。

では、なぜそういえるのか？

その問いに答える最初のカギは「いろは歌」というタイトルそのものにあります。

歌の作者はどこのだれなのか

「諸行無常」の「諸」は「あらゆる」(all)を意味する漢語です。

「行」とはこの世に形作られたもの、ここでは簡単に「もの」と訳することができるでしょう。

こうして、「諸行無常」の四文字で、「あらゆるものは無常である」の意味のフレーズになります。

結論からのべましょう。

あらゆるものの無常（「諸行無常」）を語るこの歌がその後の日本人の「生き方」に**圧倒的な意味**をもつことになるなりゆき、運命は、

「いろは歌」

というタイトルが出来あがったその瞬間に定められたも同然だったのです。

それはどういうことか？

そこでまず、「いろは歌」の元となった漢詩——これはすでにふれたように、『無常偈《むじょうげ》』
というタイトルのもとに平安時代の日本人に広く知られた詩でした。
ここで「偈」というのは経典のなかの詩をさしますが、『無常偈』は文字通り「無常」の教えを説いたというそのものズバリのタイトルをもつ詩だったということになります。

日本に仏教をもたらしたのは中国でした。六世紀の初め頃のことでしたが、平安時代というのはその間に——その初期に空海（弘法大師）や最澄を出したことでもわかる通り——、貴族の世界を中心に、仏教の世界観が当時の**エスタブリッシュメント**、朝廷とそれを囲むエリート層に浸透した時期でした。

「いろは歌」の作者の名前は今日には伝わっていません。古くから「空海が作者だ」という

説が流布してきましたが、使われている仮名づかいの時代的な特徴から、現在では否定されています。また名前と同様に、作者が当時どのような身分に属していたかについてもわかりませんが、少なくともその頃の知識階級、インテリ層である僧侶か貴族だったことだけはまちがいありません。

ここでは、この人物を仮に「**知識人X**」と呼んで話をすすめることにしましょう。

『無常偈』は、見た通り、全文漢字からなる短い漢詩ですが、仏教思想のエッセンスである「無常」の教えがのべられています。「いろは歌」の当時、漢詩を自由に読みこなせるのは僧侶と貴族、つまりエリートたちにかぎられていました。

日本のエリート層には昔から一つの特色があります。それは外来の教えに弱いということです。明治の開国以来、日本のエリートたちが「欧米」からの輸入学問を背骨にできあがっていることは周知の話ですが、よくも悪くも、この事情にいまも昔もありません。日本の知識層が当時魅惑されていたのは中国の新しい思想であり、風俗でした。中国の時代区分では唐から宋にかけての時代です。平安時代には、明治以後の日本人にとっての「欧米」にあたるものが唐であり宋だったわけですね。

稀代の宣伝マン「知識人X」による洗脳工作

歴史は権力者が作るのか民衆が作るのか？――これについては古くから議論があるところです。

この場合の権力者は**「支配エリート」**（またはエスタブリッシュメント）という言葉に置き替えることもできます。

ただ、こうした二者択一がなりたつのはあくまで言葉の上の話で、**実際には、「権力者」―「民衆」のパワーバランスの相互作用、時代を推進させたえず流動へと押しやるダイナミズム**を通じてわたしたちの歴史は形作られてゆくといってよいでしょう。

ただ、そうはいっても、長い時の流れのなかには特定の個人の際立った才能がある瞬間歴史の流れをめざましく変えたとわかるときがある。「いろは歌」の作者、「知識人X」がその珍しいケースの一つだったといってさしつかえないでしょう。

実際、「いろは歌」の面白さの一つは、その出来栄えのあまりの鮮やかさが「知識人X」の人となりについてのさまざまな想像を刺激するところにもあるかもしれません。「知識人X」がどんな容貌をしたどんなパーソナリティの持ち主だったかは不明です。仮に絵でも残っていれば面白いのですが、それもありません。ただ、一つだけいえるのは、この謎の人物にどうしようもなくつきまとう、**ただ者ではない**という匂いです。

さきほど、仏教は当時の日本人にとって「最先端」の思想だったとのべました。仏教が日本にもたらされたのは六世紀でしたが、それ以後、朝廷政治を牛耳るエリートたちは経典を輸入してはせっせと咀嚼《そしゃく》につとめることになりました。この事情は、文化が「国風化」したと指摘される平安時代でも変わりはありませんでした。

まえにふれたように、明治期以来、日本のエリートたちは「欧米」の流行思想に心酔しました。

「知識人X」もまた仏教にまぎれもなく傾倒した平安インテリの一人でしたが、かれが他のエリートたちとちがっていたのは、仏教の豊富な知識に加え、

「**名宣伝マン**」、

そのうえ、

「**大作詞家**」

としての天分を一人であわせもつ、まれにみる才人だったということです。それはどういうことか？

「知識人X」はエリートです。いささかミもフタもない言い方になりますが、一国のエリートたちによる外来思想の採取は、しばしば国内の民衆への「**洗脳工作**」に帰結します。

外来思想への心酔ぶりが激しければ激しいほどいきおいそうなる。今日の日本の自由主義思想や民主主義思想にせよ、普遍的価値をもつ思想をエリートたちによる啓蒙活動を通じて受容したといえば聞こえはよいが、皮肉な見方をすれば、西洋かぶれの洗脳工作の成果が定着したという側面がないわけでもないでしょう。

そんな洗脳家たちがまず第一に考えることはなにか？

「いかに能率よく洗脳の目的を達成するか」

というその方法についてです。

「知識人X」は仏教思想、その世界観に心底ほれこんだ知識人の一人でした。その世界観、世界に対する見方を、日本の人々にぜひ広めたいと思った。そのために「いろは歌」を使おうとした。

では、我らが「知識人X」はそのような目的をとげるためにどういう方法を思いついたか。

「**いろは歌**」**をめぐる神話**はこうして始まることになります。

日本語を「無常思想」で染めあげた天才

さきほど「いろは歌」は日本人の「生き方革命」の端緒を作った、と書きました。いうまでもなく、人間は**言葉の生き物**です。住み着いたばかりの外国人をのぞいて、日本で生まれ育った人間は、自然に日本語でものを感じ、また考えるようになります。日本語は「名詞」「動詞」「形容詞」「副詞」などのパーツで成り立っています。そして各パーツは「文法」という形式で有機的に結びついている。そしてこのパーツそれぞれには、いわば最小の単位、ピースがあります。

「いろは仮名」という言葉がある通り、「仮名文字」とは、日本語の音を表すために**人工的に作られた表音文字**です。

表音文字とは、一字一字が単語の意味を表すことを原則とする表意文字に対し、一字一字が音だけを表《あらわ》すような文字の体系です。

では、ここでいうその「ピース」とはなにをさすのか？

「い」「ろ」「は」「に」「ほ」「へ」「と」

とつづく文字、つまりローマ字のアルファベットでいうA、B、Cに相当する各文字のことです。

「知識人X」は稀代の「宣伝マン」としての資質を持っていたと書きました。

その通り、かれの目のつけどころは、いまから思うと、**悪魔的といえるほど巧妙な**ものでした。

かれの宣伝家としての本能は、

「日本語」

しかも、やがて庶民をふくめて最大多数の日本人に知られることになる、

「仮名文字」

に標的を絞った。あまつさえ、仮名文字のピース一つ一つを「無常」思想で染めあげようとしたのです。

おわかりでしょうか？「知識人X」の洗脳工作のキモ、それは、仮名の四十七文字すべてについて、

一字一句重複させずに「無常思想」の歌に作り変える

という驚天動地の試みだったのです。

「日本語創造の瞬間」という千年に一度の機会

もともと、日本という国は、文字をもたない、

「無文字言語の国」

として出発しました。「知識人X」の達成も、この国のこうした文化的な成り立ち、歴史と深く関わっています。

一言でいうならば、この人物は人生の活動期が十一世紀の初めと重なるという偶然を得、そのメリットを最大限に生かした。つまり、

「日本語創造の瞬間」

という文字通り千年に一度の機会にめぐまれた知識人だったということです。

実際、どれほど天才的な人物であれ、事業の追い風となる時代の環境なしにはなにもできません。時代が舞台が整えてくれなければ、事業の達成はおぼつかない。

が、運も才能のうち、「知識人X」はかれの情熱である、

「仏教思想の日本人への注入」

にむけてまさに絶好の機会を手にすることになりました。

無文字言語の国と書きましたが、これは簡単に説明すれば、
「音としての言葉」
はあるが、
「文字」
がない国を意味します。
たとえば、わたしの名前を使って説明すると、無文字言語の国では、
ヒラノジュン
という「音」はある。だが、それを表すための、
平野純
という「字」がないのです。
不便といえば不便な状態ですが、べつに書物を作ろうなどという意思がなければ、それは
それですむ話かもしれません。日本人の先祖がいつ頃日本列島にやってきたかに関しては諸

説あるようですが、いずれにせよ何万年もの昔、人がこの火山と地震だらけの細長い列島に住みついて以来、ずっとその状態でやってきたわけですね。

ところが、そうもしていられない時代がおとずれました。日本に仏教が伝えられたのは六世紀だと書きましたが、縄文時代、弥生時代、古墳時代と時代がすすみ、中国文化からの刺激のもとに「先進文明」（と日本人が考えるもの）が蓄積されるうちに、本格的な「国家」を作ることが必要になったからです。

それが七世紀から八世紀にかけての時代で、「日本」という国号が対外的に正式に用いられたのもこの頃のことでした。

国家といっても、モデルは中国ですから、できあがった国家はだれが見ても中国風のものになりました。

が、そうなると、いわゆるアイデンティティの危機、つまり、「このままだったら、中国人と変わらなくなってしまう」という不安が生じ、みずからの歴史をロマンチックに語る、ざっくり言って「お国自慢」の立派な書物がほしくなった。

「日本に仮名はない」太安万侶《おおのやすまろ》の嘆き

ところが、いま見たように日本は「無文字言語の国」です。音でしゃべる言葉は、すでに存在し、そのかぎりで日常のコミュニケーションには不自由しませんでしたが、いざ日本についての書物を作ろうにも、肝心の文字がない。これでは国柄の満足な説明などできはしません。

そこでどうしたか？　**先進国の文字文化にならえ**、ということになった。つまり、お隣の中国の文字、すなわち漢字を拝借して、国の成り立ちをアピールする書物を作ろうということになった。

こうしてできあがったのが、日本の神話、歴史をつづった、『古事記』

だった。だったわけですが……ここで、一つ困った事態が生じることになりました。

それは、こうして「字」は中国からそっくり借りることができた。そこまではよかったのですが、当時日本にはその発音、肝心の「音」を表す文字がなかったということです。

『古事記』を天皇に命じられて著したのは中国語に通じた官僚知識人の太安万侶《おおのやすまろ》（?～七二三）でしたが、かれはこの「無文字言語」の文化ゆえに**惨憺《さんたん》たる苦労**を味わうことになりました。

『古事記』には日本の歌謡が多く紹介されていますが、最初にでてくる歌に、

八雲《やくも》立つ　出雲八重垣《やえがき》　妻籠《ご》みに　八重垣作る　その八重垣を

というものがあります。これは皇室の先祖とされるアマテラスオオミカミの弟のスサノオノミコトが詠んだ新婚生活についての歌です。その意味は、

「盛んにわき起こる雲がわたしの新妻が暮らす宮殿のまわりを八重の垣根をめぐらすように包んでいる。なんと素晴らしい光景であろう」

という、新婚生活の喜びにあふれた初々しい歌ですが、ただ、あいにくとこの歌の「音」を表す文字が日本にはない。しかし、だからといって歌謡に「音」をつけないわけにはゆきません。

そこで、太安万侶はどうしたか？　困ったすえに、なんと、「や」「く」「も」「た」「つ」……とつづく一音一音に、字面の見苦しさは百も承知のうえで、漢字を仮名がわりにあてはめて『古事記』にのせることにしました。

苦肉の策ですが、だれが考えてもほかに手はなかったでしょう。

そんなわけで、『古事記』にこの美しい「八雲立つ……」の歌はこんな表記で紹介されて

います。

夜久毛多都　伊豆毛夜弊賀岐　都麻碁微介　夜弊賀岐都久流　曾能夜弊賀岐袁

なんとも不細工というか無粋《ぶすい》というしかない表記で、さすがの太安万侶も内心忸怩《じくじ》たるものがあったようです。『古事記』の作成作業をふりかえって、

「漢字をこのように音にあてはめるのは長たらしい感じ（「事ノ趣更ニ長シ」）で困る」

と大いにぼやいています。

日本人が口にする「音」を表記する**漢字以外の文字**の必要性が痛感されたのはこのときでした。むろん痛感したのは日本社会を切り回していた知識層です。

発動された「知識人X」の野望

『古事記』が編まれたのは七一二年（和銅五年）、奈良に平城京が開かれ奈良時代が始まった二年後のことでしたが、これをきっかけに、奈良時代から平安時代にかけて日本の知識人たちはこの日本人が話す「音」を表記するための自前の文字――「日本語」（平仮名）の開発に試行錯誤をかさねることになります。

日本語の自立時代ですが、ただ、いくら自前の文字を作ろうと息込《いき》んだところで、虚空から花をひねりだすのは手品、なにもないところからいきなりというわけにはゆきません。結局、知識人が使いなれた文字を叩き台にするのが一番ということで、漢字をもとに、それを簡略化する形で、「日本語」を作り出そうとした。

こうして出来上がったのがいわゆる「**平仮名**」です。

その新しい文字を元の漢字と対照させてみましょう。

「安」↓「あ」
「以」↓「い」
「宇」↓「う」
「衣」↓「え」
「於」↓「お」

（実際は片仮名もほぼ同時に生みだされましたが、煩雑《はんざつ》になるので今は省略することにします）

この「平仮名」が完成したのが十世紀の初め。その完成を象徴するのが、九〇五年に編まれた『古今和歌集』で、これが日本文字の「仮名」で書かれた、日本史上最初の公的な文書になりました。

これ以後、約百年をかけて、この新しい表音文字は知識層の使用を通じて日本社会の間に広まってゆくことになりました。

そしてこの出来立てほやほやの**湯気の立ちそうな日本語**が社会に浸透し、「われわれの固有の言葉」としての自覚がほぼ定着したのが十一世紀の初め。

仏教宣伝家「知識人X」は「機が熟した」とみたか、この時を逃さず自らの野望を発動することになります。

「諸行無常」を日本人にインプットした明治の学校教育

かれはある意味で、「日本語の創設」という歴史的な達成の果実をだれよりも上手く利用した人物だったといえるかもしれません。

その事業の詳細についてはのちほどページを割《さ》いてくわしくとりあげますが、いずれにせよ「知識人X」は数多くの経典のなかから『涅槃経《ねはんぎょう》』をえらびだした。さらにそのなかの「無常思想」を語る『無常偈《むじょうげ》』の漢詩に目をつけ、それを一字一句重複させることなく「いろは歌」に翻訳してみせることになります。

すでに見たように、日本人お手製の表音文字、「仮名文字」が中国文字（「漢字」）から分かれて完成したのは十世紀の初め、「いろは歌」が作りだされる直前のことでした。「知識人X」は、漢字の母体から生まれたこのよちよち歩きの日本文字のピースの一つ一つに、いわば、

「諸行無常」の呪い

をスプレーで吹きかけ、一篇の美しい詩に仕立てあげた。

そのうえでその詩にこんどは「今様」と呼ばれる流行歌の歌詞の形式をあたえ、仏教の世界観にはまだうとい、それどころか字すら満足に読めない庶民、日本の社会の各層のすみずみにまでこのインド生まれの外来思想を浸透させる大事業をしてのけた。

つまり、だれもが口ずさめるメロディーにのせて人々の頭にしみこませ、ついには『無常偈』の「無常」を「思考の枠組み」として植えつけることに成功したというわけですね。

いやはや、この地球上には数多くの言語がありますが、こんな**奇妙な星**のもとにうまれた歴史をもつのはおそらく日本語だけでしょう。

たとえばアルファベットの起源は、はるか紀元前に地中海沿岸で使われていた文字（の一種？）だったそうですが、

「A、B、Cの一つ一つにだれかが吹きこんだ『教え』の色がついていた」
という話は寡聞《かぶん》にして知りません。それはアラビヤ文字にしてもギリシャ文字にしても同じことです。

「知識人X」は仏教について豊富な知見をもつ当時の間違いなくエリートの一人。しかもその同じ人物が一方で秋元康並みの流行歌の作詞の才能までもっていた。鬼に金棒とはこのことでしょう。

「知識人X」のこの偉業がもっと知られれば、**世界の言語創造の歴史**に名を残すに値する人物として評価されることになるかもしれません。一つの言語の誕生に際し、こんなとんでもない企てを思いつき、しかも成功してしまった人物はほかに見当たりませんから。

「知識人X」の正体はいまもって不明のままです。

かれが実際にどれほど長生きして「いろは歌」の成功（大ヒット）の行く末を見届けたのかはわかりません。ただ、たとえそれがかなわぬ短命の人生を送った人物だったとしても、もしあの世というものがあるならば、かれはみずからの放った仕掛けの成果（おそらくは自身の予想を超えた）をまえに、「してやったり」の笑みを禁じえなかったことでしょう。

そう、「いろは歌」は中世の庶民を熱狂させる流行歌、大ヒット曲になりました。

まえに「いろは歌」は日本社会の階層のすみずみに浸透したと書きましたが、これは誇張ではありません。

その言葉通りに、

「上は天皇から下は無名の庶民まで」

ということです。


「今様」は中世の庶民を夢中にさせた流行歌でしたが、時代が平安から鎌倉に移り変わる頃、平家一門のみならずかれらを滅亡に追いやった源頼朝とも政治的暗闘をくりひろげ、頼朝から「日本国第一の大天狗」と呼ばれたことで知られる後白河法皇《ごしらかわほうおう》（一一二七〜一一九二）という怪物的な君主がいました。

平家打倒の鹿ケ谷《ししがたに》の陰謀事件に関わったり、かと思えば平家追い落としに功があった木曽義仲や源義経をいいようにあやつったりと、時代劇などでは煮ても焼いても食えない「時代の黒幕」として描かれることが多い人物ですが、この法皇は、「今様」にいれあげるあまり、『梁塵秘抄《りょうじんひしょう》』という歌謡集まで編み、その頃の人々の心情を知るうえで格好の資料をわたしたちに提供してくれることになりました。

この『梁塵秘抄』についてはあとでふれますが、そこには二百数十首の法皇お好みの「今様」がおさめられています。

「いろは歌」は、こうして流行歌を介して新しく訪れた武士の時代、鎌倉時代の人々の心をとらえました。そして、さらに鎌倉後期から室町時代に入ると、こんどは子供が平仮名を学ぶための**手習い**（**習字**）**のテキスト**として使われるようになります。

この頃の日本人の教育好きは西洋人にも印象的だったようで、戦国時代に来日した宣教師のフランシスコ・ザビエルは「日本はヨーロッパよりも教育が進んでいる」という手紙を残しているほどですが、その際、初等教育の柱におかれたのが「手習い」でした。

平安時代に生まれた古い流行歌はこの戦国乱世の時代を、文字通りの字の習得という現場に根を張ることで、生きつづけたわけです。

よくいわれるように、江戸時代は庶民の間の識字率が他のアジアの国々にくらべて異例の高さに達した時期でした。どの田舎町にいっても貸本屋があったという記録がその証拠ですが、庶民の教育の柱になった民間の学校が寺子屋。その先生の当時の呼び名が「手習い師匠」でした。

寺子屋の数は寛政の改革で知られる松平定信《さだのぶ》の頃（十八世紀末）から急速に増え、幕末には全国で五万～六万の数におよびました。ＴＶの時代劇などで、寺子屋の先生である浪人が小さな子供たちに読み書きをおしえる場面でよくでてくるのが「いろは歌」の習字の光景。寺子屋の先生たちはそのあと「いろは歌」についてのうんちくを語ることになります。

さらに『いろは歌』の影響力はこれにとどまりません。

徳川幕府が倒れ、明治になると寺子屋は国が定めた西洋式の小学校に引きつがれますが、「いろは歌」は旧時代と運命をともにせず、あらためて習字のテキストとして採用された。こんどは堂々と四民平等の新時代の国語教育なかに生きのびることになります。

皮肉なことに、「いろは歌」は滅びるどころか、もっと大規模に、近代化政策のなかで、江戸以来の「読み、書き、そろばん」の伝統をひきついだ義務教育制度の普及を通じて、国民の頭に組織的に**インプット**されたわけです。

こうして日本全国、津々浦々で「いろは歌」が暗唱されるとき、「諸行無常」の教えが日本人の思考に影響をあたえなければ不思議でしょう。

実際、ここまでくると単なる手習いの手本の域をこえて、もはや「**いろは歌文化**」と呼ぶしかないものが国民を染めあげることになります。

その結果は、むしろ外国人の方によく見えるようです。

第三章・中世の遊女たちが広めた「とらわれない生き方」

中国人が感じた日本人の「禅味」とは

二十世紀の末に中国の文学の世界で名を馳せた女流作家に衛慧《ウェイホイ》（一九七三〜）という方がいます。

一九九九年に『上海ベイビー』という小説を発表してセンセーションをまきおこしたことで知られる作家です。

『上海ベイビー』は「魔都」上海を舞台に麻薬とセックスに溺《おぼ》れる女性実業家の奔放《ほんぽう》で享楽的な生活を描いた作品でした。いま読んでみると可愛らしいような「過激な」性風俗の描写は、当時の中国政府の検閲当局のゲキリンにふれてしまい、あえなく発禁処分に。衛《ウェイ》さんは中国の現代文学に関心をもつ日本や米国の作家や批評家たちから大いに同情をあつめたものでした。

『上海ベイビー』は日本でもさっそく翻訳され、のちに文春文庫の一冊におさめられました。わたしもたまたまその頃上海についての本を書いていた関係で書評を頼まれたものでしたが、その衛さんが日本側の関係者の招きで初めて来日したときのことです。

あるインタビューの席で、日本人についての印象を問われ、つぎのように答えたのが話題になりました。


「日本人にはどこか禅味がある」


むろん、衛さんが生まれ育った国、中国の人々との比較にもとづく発言でしたが、なんだか面白い表現だったので、それを聞いた多くの人々の印象に残ることになりました。

ところで、「禅味」とはいったいなにか。

衛さん自身は語りませんでしたが、話の前後から考えると、

「物事にとらわれない」

あるいは、

「原理主義的でない」

といった雰囲気、物腰、ものの考え方の特徴をさすようだとわたしは感じました。

仏に逢えば仏を殺し、親に逢えば親を殺せ！

ところで日本では、お坊さんが漢文の経典を使うため、仏教は中国生まれの宗教だと誤解している若い人々がけっこう多いと聞きます。が、もちろんそうではありません。

仏教はインドでブッダが開いた宗教です。時はいまから二千五百年ほど前――日本でいえば縄文時代にあたりますが、――かれは出家して修行生活に入るまえは故郷のヒマラヤ南麓のシャカ国で青年時代を送りました。当時のインドはまだ統一される前で、多くの大国が乱立し覇権を競いあう、日本でいえば戦国乱世の時代でしたが、シャカ国はインド北辺の小国です。かれはこのシャカ国の王子という身だったため、「釈迦」と中国で漢字をあてはめて呼ばれることになりました。

その仏教がヒマラヤを迂回《うかい》して中国に伝わったのが一世紀頃。ブッダの死からは数百年もたっていましたが、やがて『西遊記』に登場することで有名な三蔵法師玄奘《げんじょう》（六〇二～六四）が命がけで砂嵐の吹き荒れるシルクロードの砂漠を渡り、インドに学んで大量の経典を持ち帰るという伝説的な活躍もあって、中国大陸では各時代を通じて禅仏教や浄土仏教を中心に、数多くの宗派が名僧を生みつつ、発展することになりました。

その禅仏教の有力な一派に臨済宗《りんざいしゅう》があります。その後日本にも輸入されて、のちにふれる一休や白隠《はくいん》などの名僧を輩出することで知られる宗派ですが、中国で臨済宗の基礎を築いた臨済義玄《りんざいぎげん》（?〜八六六）というお坊さんに、こんな言葉があります。

「仏に逢えば仏を殺し、親に逢えば親を殺す」

これは義玄の言行をまとめた『臨済録』という書物が伝える有名な言葉ですが、初めて耳にする人のなかにはショックを感じる向きもあるようです。

急いでつけ加えるならば、義玄さんは人殺しを勧めていたわけではありません。「殺生戒《せっしょうかい》」（生き物を殺してはいけないという戒律）は、仏教の基本中の基本の戒であり、いやしくもブッダの教えに帰依《きえ》した坊さんがそんな台詞を吐くわけもありません。

要するに、これは禅僧ならではの、**「逆説的な表現」**

つまり、あえてこうしたドギツイ、挑発的な物言いをすることで聞き手にショックをあたえ、あたえることでかれらの頭にこびりついた「常識のカラ」を粉砕するために、

「**反語**」

として口にされたものだったのです。

「一切のとらわれからの解放」が人生のゴール

では、義玄さんは、右の発言で結局なにを説こうとしたのか？　聞き手に伝えようとしたのでしょうか？

一言で要約すれば、それは、

「**物事にとらわれるな**」

あるいは

「**自由に生きよ**」

という教えでした。事実、さきに引いた義玄さんの『臨済録』の言葉は、そのすぐ後に、

「さすれば、透脱《とうだつ》自在《じざい》なり」

つまり、一切のとらわれから解放された境地になれる、とつづけています。

仏教は瞑想の宗教です。

瞑想はブッダの当時、「ジャーナ」とインドの言葉で呼ばれましたが、禅という言葉自体、中国人がこのジャーナを似た発音の漢字にあてはめた音訳語でした。

そしてその際、瞑想のゴールにおかれたのが、

「一切のとらわれからの解放」

の境地だったわけです。
この境地はそこで生みだされる安らぎゆえに、
涅槃《ねはん》
と呼ばれ、のちには、
悟り
と名づけられることになります。
『上海ベイビー』の作者衛慧《ウェイホイ》さんが生まれた頃の中国は、いわゆる文化大革命（一九六六～七六）の真っ最中。一九四九年の中華人民共和国の成立以来、イデオロギー的な原理主義が

最も高潮していた時期でした。

中国という国は、基本的に儒教イデオロギーを背骨とする国です。それは共産主義を国是としたあとになっても変わりはありません。儒教イデオロギーは、「反儒教」を唱えて文化大革命を指導した毛沢東（一八九三～一九七六）自身の思想にも染みわたっています。

その中国の空気のなかに育った衛慧さんの目には、日本人のどこか淡白な、とらわれない雰囲気がことのほか新鮮に映ったというわけですね。

そしてこのことは、つぎにのべるように、日本人の「信仰」に対する態度にも反映されることになります。

「神様かまうな、仏はほっとけ」

一九六〇年代を中心におきた日本映画の新しい波「日本ヌーヴェルバーグ」。その運動の旗手の一人だった監督に大島渚《なぎさ》さん（一九三二～二〇一三）がいました。

「日本初のハードコア・ポルノ」として評判をとった『愛のコリーダ』（一九七六）や英国の歌手のデヴィッド・ボウイさんとビートたけしさん、坂本龍一さんという異色の顔ぶれの出演者がそろった『戦場のメリークリスマス』（一九八三）、人間の女性とチンパンジーの恋愛を描いたシャーロット・ランプリングさん主演の『マックス、モン・アムール』（一九八六）などの話題作の監督として知られたほか、その歯に衣着せぬ「毒舌キャラ」がうけてTVタレントとしても活躍した方なので、おぼえている方も多いかもしれません。

テレビ朝日の名物番組『朝まで生テレビ』の常連出演者の一人でもあり、気にくわない発言をした共演者を「バカヤロウ！」と怒鳴りつけるのは同番組の売り物の一つになっていました。

その大島さんが一九九五年頃、あるTVのニュース番組にコメンテーターとして出演したときのことでした。ちょうどオウム真理教による凄惨《せいさん》きわまる地下鉄サリン事件がおきた直後で、「人間と宗教のあるべき関わり方」がスタジオで話題になった。

すると大島さんは、関西で暮らしていた若い頃に知り合いのお年寄りからいわれたというある言葉を紹介したのです。

「**神様かまうな、仏はほっとけ**」

日本は伝統的に「神仏信仰」の国とされています。つまり、**仏教と神道が同居**するというわけですが、若い人はクリスマス（イエス・キリストの誕生祭）は知っていてもお釈迦様の誕生日は知りませんし、大晦日になると仲間と正装に身を固め、「世界中の者どもよ、創造主を感じるか？　星空の下に神を求めよ！　星の彼方に必ずや神は住みたもう！」と目をうるませて熱狂的にベートーヴェンの「歓喜《よろこび》の歌」を歌ったその人が、日が変われば神社の社殿のまえで柏手《かしわで》をうち、魔除けの破魔矢《はまや》を買って、被造物たちのけなげさに目を細めていた「星の彼方」の創造主を混乱させたりとわけがわかりません。ネコもシャクシもこんな調子です（ちなみに、「ネコもシャクシも」の「ネコ」は「禰子」で神道の信者、「シャクシ」は「釈氏」で仏教の信者をさします）。

また、庶民だけではありません。明治から昭和初期にかけての日本の仏教界の大物に、真言宗の管長をつとめた権田雷斧《ごんだらいふ》（一八四七〜一九三四）という著名な学僧がいましたが、かれは「仏教の曼荼羅《まんだら》にイエス・キリストも大明神として描き加え、皆で拝むべきだ」と主張し、話題になりました。

キリスト教でもカトリックは多くの聖人を崇《あが》めることで知られていますが、総本山のバチカンで神父が「ブッダをキリスト教の聖人の列に加えて拝むべきだ」などと言えば、気が狂ったと思われるのがオチでしょう。

神仏は「いるかのように」拝むのが正しい

いいかげんといえばいいかげん、しかしそういう自分の「宗教感覚」をヘンだとも思わず生きているのが大多数の日本人でしょう。

「無常」とはあらゆるものが瞬時もおかず変化しつづけること、**万物流転**こそが世界の理であるということです。

まえに「無常」は仏教思想のエッセンスだと書きました。ヘンな話ですが、このエッセンスをまえにしては、神様はおろか仏様さえもかないません。

「無常」の思想からは、あたりまえのように、

「ものにとらわれるべきでない」

という教えがひきだされる。そして、逆説的ながら、驚くなかれ仏も「とらわれるべきでない」対象の一つだという結論に導かれることになります。

いや、とくに驚く必要もないのかもしれません。

たとえば、日本の武道の道場の多くには「神棚」があります。武道家は、それをまえに柏手を打って、恭《うやうや》しく拝礼するわけですが、じゃあ「神の実在」を信じているかといえば、そんな人はまずいません。あくまで、

「神様がいるかのように」

拝んでいる。

これはなにもいまの時代に始まったわけではなく、江戸時代にはすでに、

「神は空名《くうめい》といえども拝むべし」

という言葉がごく普通にありました。空名、つまり空っぽの名前にすぎないが、それを「いるかのように」拝むのが尊い態度だというわけですね。

さきほどの関西のお年寄りが大島渚青年におしえたという「かまうな」「ほっとけ」とは、べつの言葉でいえば、「とらわれるな」ということです。**「とらわれずに、しかもいるかのように尊重する」**――これが神様に対する正しい接し方だというわけですね。

中国の仏教の歴史は儒教との激しい抗争の歴史です。インドから中国に入った仏教は、いったん人々の間に浸透しようとするや、中国生まれの宗教、儒教から手ごわい反撃をくら

うことになった。中国はその歴史上、四度の大規模な排仏《はいぶつ》運動を経験しています。そのうち最も激しかったとされる「会昌《かいしょう》の排仏」にいたっては中国仏教の黄金期といわれる唐の時代（会昌五年・西暦八四五年）に起きています。このときは廃棄された寺院は大きなもので四千六百、小さい寺院で四万、僧侶で還俗《げんぞく》（出家をやめること）を命じられた者は尼僧《にそう》をふくめて二十六万人という文化大革命時の仏教への迫害を上回る凄惨《せいさん》な始末となった結果、禅仏教と浄土仏教だけがかろうじて生き残るということになりました。

ひるがえって日本はどうかといえば、中国の儒教に匹敵する強烈な宗教とそれにもとづくイデオロギーはなかった。あったのは、八百万《やおよろず》の神々を拝む、イデオロギー的な体系を欠いたごくシンプルな信仰だけでした。

仏教はそのためさしたる抵抗もうけず、儒教が「国教」の地位を頑として譲らなかった中国にくらべて、日本は明らかに仏教の影響が強い国になりました。『上海ベイビー』の作者衛慧《ウェイホイ》さんが嗅いだのもこの「仏教的体質」が自然にかもしだす匂いでした。

さきほどの「歓喜の歌」の人々にせよ、なにも考えていないのではなく、このあとすぐ説明しますが、歴史をさかのぼれば考えぬかれたすえの「神」への接し方だったわけです。

「生き方」に関する五百年革命

本書の第一章の第二節以下のくだりで、日本人はこれから日本列島を「あり得ない」ような災害が見舞おうとも滅びることはないだろう、と書きました。

さらに、日本人は破局を乗り切る天分をもち、それこそが「考えない生き方」と呼べるものだとも。

その章の末尾に、そうして得られた生き方が「考える葦」の一人である日本人の「徹底的に考えぬく作業」を通じて獲得されたものであることを記しました。それが歴史的に「五百年革命」と名づけられる、

「無常」観念の大転換

を中味とする歴史的な達成にもとづくものであることも指摘した通りです。

では、その画期的な革命が始まったのはいつだったのでしょうか？

第二章ではその端緒を「いろは歌」の成立にもとめました。そして、芥川龍之介の警句を引き合いにだしつつ、「いろは歌」が日本人をめぐる、

「思考の枠組み」

を決定したことを明らかにしました。そのうえで、「いろは歌」の日本人の間への浸透のなかで、

「いろは歌文化」

というべきものが江戸から明治の近代に至る歴史を通じて再強化され、

「ものにとらわれない」

「原理主義的でない」

態度として中国人の鋭い観察者に認知されるまでのいきさつをふりかえりました。

なにかが文化になるとは、人々がまるでそのものを**空気のように呼吸して疑わなくなることを**意味します。

それは「思考の枠組み」の浸透が無意識のレベルにまで達したことを意味します。

これからのべるのは、こうした果実をもたらした「五百年革命」の始まりから終わりまでの具体的なプロセスについてです。

そのプロセスは、日本人の「**本能的**」**ともいえる英知**により達成されたものです。

では、それはどのような経緯で成功に導かれたのでしょうか？

そのためには、すでに予告したように、「五百年革命」の発火源となった「いろは歌」をかえりみる必要があります。

それは「知識人X」が「いろはにほへと」の四十七文字の裏に入念にほどこした「仕掛け」の詳細を見てゆくことを意味します。

ただの「流行歌」ではなかった「いろは歌」

「五百年革命」は日本人がしてのけた**まれにみる文化上の革命**です。

ただ、歴史上のすべての革命がそうであったように、一直線にすすむものではありませんでした。

当然、紆余曲折《うよきょくせつ》をへる形をとったわけですが、ともかくも、ゆっくりと時間をかけて成功の果実を得ることができました。

ここでは、その背景として認められる成功の理由を、Ⓐ論理性の解体、Ⓑ修行の無視、Ⓒ庶民性の獲得、Ⓓあの世の否定、の四つにわける形で考えてゆきたいと思います。

このうち、ⒶⒷⒸの三つの理由は、「いろは歌」そのもののなかにすでにふくまれています。それは「いろは歌」を支える作者個人の「野心と情熱」が時代をこえた「革命」につながっていった訳をあますところなく語る部分です。

そのことをつかむために、まず、「いろは歌」がどのような性格の翻訳詩であったのか、

「翻訳に隠された秘密」について知るところから始めてみましょう。

すでにふれた通り、「いろは歌」は『涅槃経《ねはんぎょう》』の『無常偈《むじょうげ》』という漢詩を意訳したものです。

ここでは、『無常偈』と「いろは歌」を「原文」と「翻訳文」の各部分を対照させる形で並べることで、「知識人X」の翻訳にこめられた巧妙な「作為」を見ることから進めてみたいと思います。

諸行《しょぎょう》無常《むじょう》　色は匂へど散りぬるを
是《ぜ》生滅法《しょうめっぽう》　わが世誰ぞ常ならむ
生滅《しょうめつ》滅已《めつい》　憂ひの奥山今日こえて
寂滅《じゃくめつ》為楽《いらく》　浅き夢見じ酔ひもせず

つぎは、右に上段と下段に分けてかかげた詩をそれぞれ現代文になおしたうえで対照させたものです。

あらゆるものは無常である。

生じては滅びるのを理としている。

生じては滅びる。

一切のものの寂滅こそは楽しみである。

山中に日を浴びる桜のようなはかなさを
まぬがれる人生がどこにあろう。
それでも憂いに満ちた日々を生きてゆこう
つかの間の夢も見ず、酔いもしないままに。

どうでしょうか？

こうして並べてみると、「知識人X」が漢詩の趣旨（「諸行無常」）をふまえつつも、ずいぶんと**大胆な翻訳上の操作**をほどこしていることがわかります。

操作は、それとはっきりわかる形でなされたものと一見目立たない形をとるものの二つに区別することができます。

それをふまえて、まず最初にチェックするのは、第一の理由のⒶについてです。

「いろは歌」は無常観の論理を解体した！

Ⓐ論理性の解体

「いろは歌」の原詩である『無常偈』は、

諸行無常
是生滅法
生滅滅已
寂滅為楽

と漢字の字面からもなんとなくわかる通り、きわめて論理的な文章からなります。『無常偈』というタイトルにある通り、これは「諸行無常」を説くために書かれた詩です。「諸行無常」はブッダの教えの出発点であり、同時に最終到達点です。

この漢文の原詩は一切のよけいなぜい肉をつけず、仏教の基本思想を支える論理の組み立てだけをそのまま忠実になぞっています。見方によっては簡潔なスローガン風の文章にしているわけです。

一方、これに対して、右の原詩の日本語版である「いろは歌」の方はどうでしょうか？　読めばわかるように、『無常偈』の最大の特徴にもなっていた論理性はすっかりかげをひそめて、いかにもというべき、

「情緒的な美文」

に様変わりしていることが見て取れるでしょう。

とりわけ注目したいのは第三句目にでてくる「憂ひ」という言葉です。じつは「知識人X」の「いろは歌」では、この部分は字句のうえでは、

「有為」

という別の言葉が使われていました。

「有為」というのは一般にあまりなじみのない言葉かもしれません。これはもともと仏教の用語で、

「形作られたもの」

をさす言葉でした。

もともとはインドの経典にある用語を訳したものですが、仏教英語辞典などでは、直訳されて「That which is made」などとでてきます。

べつの言い方をすれば、わたしたちがふだん目にする世界、「現象世界」ということです。「諸行無常」の「諸」はすでにふれた通り、「あらゆる」という意味。「諸行無常」というのはまさに「**世界のあらゆるものは無常である**」ことをさすフレーズですので、少なくとも「憂ひ」よりは「有為」の方が原詩である『無常偈』の文意に即しているといえます。

「無常観」から「無常感」へ

ただし、右にのべたことはあくまで詩を目で読んだときにいえる話です。

すでに見た通り、「知識人X」に手になる「いろは歌」は読まれるために作られたのではありません。あくまで「歌われること」を想定して「歌詞」として書かれたものでした。「字」として読まれるときの「有為」、それはいわばCDの歌詞カード上のものです。ここでは、**「いろは歌」の文脈**に照らして考えることが必要になります。

「いろは歌」にあふれるのは、人生のはかなさの感覚です。

実際、「いろは歌」を鼓《つづみ》の音《ね》の響くメロディーにのせて、

〽ういのおくやま今日こえて

と声にだしてみる。

だれが口ずさんでもこの「うい」は「憂ひ」（憂い）に聞こえるでしょう。そう、もう見当はついたかと思われます。この歌詞カードにあった「有為」は初めから「憂ひ」を掛けた、

それが口ずさまれた瞬間人々の頭のなかで「憂ひ」に転化することをあらかじめ見込んだうえで書かれたものだったのです。

それは「いろは歌」の作者「知識人X」の最初からの意図でした。

わたしが本書で「うい」を「有為」とせずあえて最初から「憂ひ」で通してきたのはこのためでした（事実、「いろは歌」の「有為」は「知識人X」の死後、字面（歌詞カード）の上でも「憂ひ」と書かれはじめ、後世の人々は「いろは歌」を「憂ひの歌」と呼んで愛唱するようになりました）。

『無常偈』は仏教の世界観の根本ともいうべき「諸行無常」のおしえを説いたものです。

それはいかにも初期の経典のなかの詩にふさわしく、文学的な装飾もなく、おしえの理屈だけの、論理一点張りの詩でした。

これに対して、歌というものには、人のセンチメントに直接訴える**魔的なパワー**があります。

「いろは歌」は人生のはかなさを感じさせる歌だとまえに書きました。

一般にインテリと呼ばれる人々はセンチメンタリズムを嫌いますが、「歌は世につれ」という言葉は聞いても「文は世につれ」という言葉はあまり聞きません。

「知識人X」が「有為」をめぐる操作を通してやってのけたこと、それは一口にいえば、論

理の情緒化、
「諸行無常」をめぐる、
「無常観」の「無常感」への転換
という作業でした。ブッダの世界観を支える「諸行無常」のおしえはここに本来の「論理性」を解体され、かわりに哀感あふれる「情緒」におきかえられることで、この考えの民衆レベルへの浸透を可能にする最初のきっかけを得ることになりました。

「いろは歌」に隠された翻訳の秘密

このようにして、「いろは歌」は人々の「頭」ではなく「心」をつかむことに成功しました。

本来、お坊さんが「諸行無常」のおしえを伝える堅い漢詩だったはずの原詩は「知識人X」の狙い通り、

「有為」

←

「憂ひ」

という転化により、人々の**心の琴線**にふれるしみじみとした詩に変身する第一の要素を手に入れました。かれが紡《つむ》ぎだした「いろは歌」は『無常偈』に「情緒」を注ぎいれることで、原詩の骨太な「無常観」を夢のような「無常感」に生まれ変わらせた。

「いろは歌」はここに国民への浸透を可能にするまたとない札を手にしました。

それは「五百年革命」を成功へと向かわせる大きな理由の一つになったのですが、「知識人X」の翻訳に隠された「秘密」は、じつはこれにかぎられたわけではありませんでした。

それが、

Ⓑ修行の無視

という二つ目の理由にまつわるものです。

まえのところで、仏教は瞑想の宗教だと書きました。

一つの企業の社風は創業者の思想で決まるとよくいわれますが、宗教の気風にあっても、開祖の言行や気質が大きな影響をあたえることになります。

あらゆる宗教はその主張する「真理」に人々をいざなうための特有の方法をもっています。その方法はほとんどの場合、開祖が開発したものか、それに弟子たちが手を加えたものです。

仏教が「瞑想の宗教」と呼ばれるのは、ブッダが「瞑想」を真理を得るための手段にしたからです。

二十九歳で出家したブッダは、三十五歳の年、河べりの樹の下で坐禅をくみ、瞑想している最中に「真理」を得ました。この樹は日本では菩提樹《ぼだいじゅ》といわれますが、わたしたちがよく見る西洋菩提樹とは別種のアシヴァッタ樹というインド菩提樹のことです。

それはともかく、このブッダ三十五歳のある日の達成から仏教という宗教は始まることになります。

仏教では、この出来事を昔から、

「**ブッダの成道《じょうどう》**」

と呼んできました。

「成道」とは、正しい道に達して、

「**悟りを開いた**」

という意味です。

その結果として得られたゆるぎのない安らぎの境地を「涅槃《ねはん》」と呼ぶことはすでに記した通りです。

じつは、この「涅槃」にはもう一つ異なった呼び方があります。


「寂滅《じゃくめつ》」


がそれです（「寂静《じゃくじょう》」ともいいます）。

そう、あの『無常偈』にでてきた言葉ですね。

仏教の修行を大胆に否定した「いろは歌」

『無常偈』はブッダの説いた最も根本的なおしえである「諸行無常」の真理をコンパクトに伝える詩でした。

そして、ブッダはどのように「諸行無常」の真理を得ることができたのか？　それはかれ自身がはげんだ、

「瞑想という方法」

を用いることによってでした。その結果、ブッダは念願のゆるぎのない安息の境地を手に入れることができた。

『無常偈』は『涅槃経』という古い経典のなかに登場する漢詩です。

経典とは、ブッダの教えをその死後、弟子たちがまとめた書物です。もっとも、最初は口伝えに弟子から弟子に伝えられる「口承」の形式でまとめられたものだったのですが、紀元前一世紀頃に登場した印刷技術により現在の書物の経典が生まれることになりました。

仏教の経典の中味は、散文と詩からなります。経典の詩には、長大なものもありますが、教えの核心のみを単刀直入にのべたものもあります。『無常偈』は後者のタイプです。この場合、自然、よけいな修飾をはぎとったそっけないものになります。

しかもそこではぎとられるのは修飾の表現だけではありません。経典をだれよりも熱心に読む人、つまり修行者（お坊さん）にとって**あまりにあたりまえ**と感じられることも省かれることになります。

この点をおさえておくことは大切です。「知識人X」が『無常偈』を翻訳するにあたっておこなった二番目の操作を知る鍵となるものだからです。

では、「知識人X」が試みた二番目の操作とはどんなものだったのか？　かれがそこで驚

くほどあっさりやってのけたこと、それは、

『無常偈』が説く修行の無視

というラディカルなものでした。
それはどういうことか？
ここで、もう一度、『無常偈』を現代語訳と一緒にかかげてみることにしましょう。

諸行無常　あらゆるものは無常である。
是生滅法　生じては滅びるのを理としている。
生滅滅已　生じては滅びる。
寂滅為楽　一切のものの寂滅こそは楽しみである。

『無常偈』はそのタイトルでわかる通り、「諸行無常」の真理を伝えることを目的とした詩だといちおうはいえます。
なぜここへきて「いちおうは」などというもってまわった言い方をわざわざしたかといえ

ば、この説明には一つだけ肝心なところが抜け落ちているからです。それはこの漢詩を作った主体、つまり書き手の正体についての説明です。いうまでもなく、この漢詩は経典の一部として書かれたものです。漢詩の書き手は経典の書き手であるお坊さん、すなわちブッダのおしえを奉じる修行者たちにほかなりません。これまでの説明に抜け落ちていた肝心なところと記したのは、この漢詩が、「**修行者の証言**」を通じて、

「修行をする必要があること」

を人々に説くために書かれた詩だったということです。

「瞑想なんてどうでもいい」のか⁉

「無常」は仏教思想のエッセンスです。

仏教思想の基本用語としてはほかに代表的なものとして「空」があります。「無常」と文字通り切っても切れない関わりをもつ「空」ですが——第三部のＡＩ時代の仏教のところでのべるように——これはブッダが亡くなったあと数百年もたった頃の仏教で「無常」の原理を哲学的に明らかにするためさかんに使われはじめた言葉でした。

ブッダが生前に説いたのはもっぱら「無常」であり、ものごとは一切が「無常」であるということでした。

仏教は瞑想の宗教です。体験の宗教といってもよい。

真理は、究極的にはすべて瞑想のなかで獲得される――これがブッダ以来の**仏教の建前**です。そして、その瞑想の方法は、ブッダ自身が開発した坐禅の瞑想によるもの。かれはこのみずからが手にした真理と方法を「かけがえのないもの」と感じ、それを人々に広く知らしめようとして、教祖になった。布教の人生を開始することになりました。

そうしたブッダの教えのもとに誕生した集団のことを「サンガ」と呼びますが、これは、

「ブッダの説く真理」

と

「真理に達するための瞑想」

にあこがれ、帰依《きえ》した人々のつくった共同体のことでした。

すべての経典は、サンガの修行者たちが、ブッダの生き方をモデルにし、自身もまたブッダから教わった通りの修行をしたこと、そのことを読み手に証言するために書かれています。

「自分はこのようにしてブッダのおっしゃる真理をブッダのおっしゃるやり方で得た。その

体験はじつに素晴らしいものだった。だから、さあ、あなたがたもぜひ」

と。そのことをおしえてくれるのが『無常偈』の最後の句です。

寂滅為楽　一切のものの寂滅こそは楽しみである。

さて、どうでしょう。一読したところでは、ピンとこないかもしれませんね。

さきに、経典の短い詩には修行者によって「あまりにあたりまえのこと」は省かれていると書きました。

それを念頭に、ここで右の句をわかりやすい形に少し書き換えてみましょう。

右の句で省かれていたもの、それはじつは「瞑想による」という語句です。


（瞑想による）一切のものの寂滅こそは楽しみである。


「寂滅為楽」の句を右のように補って読むべきことは、経典をひもとく修行者はもちろんのこと、仏教に通じた平安時代のインテリたちにとっては**自明のこと**でした。

これは、『無常偈』という詩の性格を考えれば納得のゆく話です。

『無常偈』はあくまで経典の一部としてブッダの弟子たちによって書かれた詩です。李白や杜甫といった文学者の作品ではありません。『無常偈』の詩としての狙いは、あくまでブッダのおしえのすばらしさ、つまりかれが説く「真理」の偉大さをそれを得る方法もろともにアピールするところにあります。方法とはいうまでもなく瞑想という修行のことです。

では、「知識人X」は、そうした意味合いをもつ『無常偈』の「寂滅為楽」の句をどのように訳したでしょうか？　それは**飛躍**と呼ぶしかない訳になりました。

浅き夢見じ酔ひもせず　　つかの間の夢も見ず、酔いもしないままに

ここでいう「浅き夢」とは世俗の夢、酔うとはそれにとりつかれ、振り回されることをさします。

その言わんとするところは、

世俗の虚栄を夢みて浮かれず、とらわれずに生きてゆこう。

どうでしょうか？　ここには修行の「し」の字もない。それどころか、これでは瞑想のむ

ずかしい修行など最初から必要すらないように聞こえませんか？

「いろは歌」にみる超訳の論理

経典はブッダが得た悟りの境地のかけがえのなさ、贅沢さを強調し、人々をそこにいざなうために書かれています。あなたもブッダにならい、ブッダと同じ方法でこの素晴らしい境地をめざしましょう、と。

そして、この「方法」が瞑想による修行を意味することは前項で記しました。『無常偈』の詩もまた、こうした経典の目的に見合う形で書かれています。

仏教にくわしい平安時代のインテリである「知識人X」がこの程度の「**仏教の常識**」を知らなかったわけがありません。

要するに、かれはそうした事情をすべてわきまえつつ、あえて『無常偈』の狙いを無視し、頬かむりしながら翻訳をやってのけた。言葉はよくないですが、「確信犯的に」原詩の趣旨を曲げ、換骨奪胎《かんこつだったい》したすえに翻訳詩を仕立てあげたというわけです。

仏教はブッダの死後、**変貌の歴史**をたどりました。それがブッダ個人のあずかり知らぬ話だったことはいうまでもありません。

もしブッダを平安時代に連れてきて「いろは歌」を読ませたら、どう思ったでしょうか？「なんとなく仏教的な雰囲気のする歌だ」とは思ったかもしれません。でも、「これはあなたの『諸行無常』の教えを表した歌ですよ」とおしえれば、絶句したかもしれません。

ここであらためて『無常偈』と「いろは歌」の現代語訳をこんどは前後に並べてくらべてみることにしましょう。

あらゆるものは無常である。
生じては滅びるのを理としている。
生じては滅びる。
一切のものの寂滅こそは楽しみである。

山中に日を浴びる桜のようなはかなさを
まぬがれる人生がどこにあろう。
それでも憂いに満ちた日々を生きてゆこう
つかの間の夢も見ず、酔いもしないままに。

まえに「いろは歌」について『涅槃経』の『無常偈』の漢詩を「意訳」したものだと書きました。が、これはいま思えば控え目にすぎる言い方だったかもしれません。

ここにあるのは、どこからながめても、

「超訳」

と名づけるのがふさわしい「翻訳詩」だからです。

もし秋元康が平安時代に生まれていたら

『無常偈』は全部で四句からなりますが、第一句から第三句までは「諸行無常」の真理そのものを説いています。最後をしめくくる第四句で、その「真理」を瞑想というブッダ直伝の修行法によって得ることがいかに「楽しみ」、つまりいかに素晴らしい体験であるかを説いている。だから、さあ、皆さんも一緒に修行にはげみましょうよ、と呼びかけているわけですね。

ところが、「いろは歌」の作者は、原詩のこの宗教的なメッセージ、崇高な意図を見て見ぬふりしてスルーした。「諸行無常」の説教を、説教臭のまるでない情緒的な美文におきかえ、肝心要の「修行の勧め」をカットしてしまったのです。

その結果、なにがおきたか？

「無常」の悟りを開くための修行を人々に勧める目的で書かれた『無常偈』の日本語版であるはずの「いろは歌」は、甘美な諦観《ていかん》に満ちた人生の抒情的な応援歌、**昭和のバラードの歌詞**のようになってしまいました。

「世俗の虚栄の夢をいたずらに追わず、この短くはかない人生をおたがい淡々とやり過ごして生きてゆきましょうよ」と。

まえに秋元康さんの名をだしましたが、実際、「いろは歌」の現代語訳を秋元さんが作詞した美空ひばりさんの『川の流れのように』の横においても、それほど違和感はないでしょう。

人の世に対するパステルカラーの達観のトーンといい、そこに醸《かも》しだされる人生にむけられた穏やかなまなざしといい、この二つの歌には、千年という長大な時間をへだててなお響き合うなにかがあります。

「和モダン」という言葉がありますが、こうして考えると、「いろは歌」には、見れば見るほど、

「**平安モダン**」

という形容がぴったりだという気がしてきます。もっとも、そういう性格をたずさえていたからこそ、はるかな時代を超えて、近代文学者芥川龍之介の心をとらえ、問題の警句をうむ洞察に結びつくことになったわけですが。

ただ、「いろは歌」が生まれたのは昭和モダニズムの時代ではありません。平安末期という中世の夜明けの季節を生きる宿命にあったインテリの一人として、「知識人X」がやってのけたのは、仏教にとっていかにも挑戦的で、過激というしかないものでした。

なぜなら、かれがくわだてたのは、

「仏教の世界観は受け入れる。しかし、坊さんの修行の勧めには耳を貸しません」

という、

「**聖職者の役割に対する実質的な棚上げ宣言**」

にほかならなかったからです。

「聖」からの事実上の離脱宣言

以前、仏教は六世紀に日本に中国大陸から輸入されたと書きました。

当時の中国は日本にとってあらゆる意味で文明の輸入先、先進国とみなされた国でしたが、仏教はその中国にインドからもたらされ、着々と勢力を広げつつある最新の知識。日本人の興味をそそらないわけがありません。

その結果、仏教に関する文物の受容をひきうけた専門家、すなわち僧侶たちは奈良・平安時代を通じて絶大な権威を誇ることになります。寺というのは全国から優秀な子弟を集める教育機関、とりわけ京都と奈良の大寺院はその頃の「最高学府」として、いわば現在の東大や京大の大学院に総合文化研究センターを合わせたような国営の巨大シンクタンクになりました。

平安時代には**最高の知識人**といえば僧侶をさすことになったゆえんです。

しかも、それだけではありません。

日本仏教の中心をになった比叡山は、藤原氏などの貴族と手をむすんで、宮廷の人事に介入するなど政治的な力をふるいました。

そのため、天皇家ともたびたび軋轢《あつれき》をひきおこし、悶着《もんちゃく》が起きるたびに徒党を組んで京に押しかけて強訴《ごうそ》におよびました。

後白河法皇《ごしらかわほうおう》の二代前の法皇だった白河法皇が、

「鴨川の流れと双六のサイコロと山法師《やまほうし》は手に負えない」

と嘆いた話は歴史の教科書にもでてきますので、ごぞんじの方も多いかもしれません。ここにいう山法師は比叡山延暦寺の僧兵たちをさしています。

また、この頃の京には「山階道理《やましなどうり》」というお坊さんがらみの流行語もありました。山階とは当時山階寺と呼ばれた奈良の興福寺のことで、これが強訴の名人だった。「無理が通れば道理がひっこむ」という言葉がありますが、「山階道理」とは集団で威圧して無理を通すことの隠語として使われました。

ただ、そうなると、僧侶の横暴に対する批判がつのるのも自然な話です。とりわけ「仏の教え」を語りながら、なぎなたや刀の武器をふるって殺生をくりかえす僧兵たちへの反感は強いものがありました。

「知識人X」がそういう反感の持ち主だったかどうかはわかりませんが、「いろは歌」が当時の権威者である**「聖」に対する「俗」からの挑戦状**、宗教からの事実上の離脱宣言というべき性格をもつものだったことを考えると、かれもまたお説教好きの坊さんたちへの醒《さ》めた目をもつ知識人の一人だったと想像しても、当たらずといえども遠からずかもしれません。

あとでのべるように、「脱宗教化」は近代社会の特質の一つとしてあげられるものですが、日本語という言葉がその成立の当初からこのような、

「**世俗の優位**」

ともいうべき色彩に染めあげられていたのは面白いことだと思います。

そのことが日本人の「生き方革命」の行方に大きな意味をもったことはいうまでもありません。

ただ、「知識人X」がおこなった挑戦は、それだけにとどまりませんでした。

「遊びをせんとや生まれけむ……」

©庶民性の獲得

「いろは歌」は詠むために作られた歌ではありません。

『古今和歌集』などにおさめられる和歌とは異なり、

「今様《いまよう》」

という楽曲のメロディーに合わせて人々が口ずさむ歌詞として初めから作られたものでした。

「今様」は「現代的」というその意味通り、当時の流行歌です。今日の流行歌はＴＶやステージで活躍する歌手がＣＤなどに吹きこむことで世にでますが、当時はもっぱらナマ歌を聴かせる**ロコミ**方式で評判をひろげ、ヒットにつなげていったというわけですね。

「今様」という名は知っていても、実際に聞いたことはないな、と思う方もいるかもしれません。

たしかに、千年も昔の歌であり、そうめったに耳にするものではありませんが、最近、あるＴＶドラマのなかで「今様」、それもそのなかの最大のヒット曲が使われ、視聴者におなじみになるという出来事がありました。

二〇一二年にＮＨＫで大河ドラマとして放映された『平家物語』。平家一門の台頭から没落までを描いたドラマでしたが、松山ケンイチさんが主人公の平清盛を演じたほか、さきにふれた後白河法皇も登場し、伊東四朗さんの力演が好評を博しました。

その『平家物語』のなかで、さかんに流され、おそらくドラマの冒頭のテーマ曲以上に視聴者の印象に残ったのが、か細い女性（少年？）の声で歌われるつぎの今様でした。

〽遊びをせんとや生まれけむ
戯《たわぶ》れせんとや生まれけん

遊ぶ子供の声聞けば
我が身さへこそ揺るがるれ

流行歌という性格上、『古今和歌集』などの和歌とちがって、凝った表現も用いられていないので、意味はすんなりつかめるでしょう。

自分は遊びをしようとしてこの世に生まれてきたのだろうか？　戯れにふけろうとして生まれてきたのだろうか？――これがこの歌の第一句と第二句までの意味です。

また、ここまでの歌詞でこの歌の主人公の**素性**《すじょう》の見当がつきます。遊び、戯れを演じるためにこの世に存在する人、それを職業とする人、つまり今日でいう**芸能にたずさわる人々**ですね。

その芸人たちがあるとき、ふと、無心に遊ぶ子供たちの声を耳にする。すると、せつないまでに胸に刺さるものがある。気がつけば、自分の体がひとりでに歌い、踊っている――これが後半の第三句と第四句の歌詞です。

当時の歌には笛やヒチリキ、笙《しょう》などの管楽器を用いる伝統的な形式のものもありましたが、今様で演奏に使われたのは鼓《つづみ》でした。

つまり、単純な打楽器のリズムに合わせて芸人たちが得意の踊りを演じ、それに合わせてみずから歌うのが今様だったわけですね。
ただ、芸人といってもどんな芸人でもよかったわけではありません。
今様をもっぱら歌うことになったのは、

遊女《あそび》

と呼ばれる平安時代に登場した女性の芸能人たちでした。

「いろは歌」は遊女たちの嬌声《きょうせい》に乗って

遊女、と聞くと江戸の吉原の遊女を思い浮かべる人がいるかもしれません。が、この時代の遊女は第一義的には女性の芸人たちをさす言葉でした。

さきに「今様」を収集した当時の書物として『梁塵《りょうじん》秘抄《ひしょう》』の名をあげました。「今様狂い」で知られた最高権力者の後白河法皇がみずから編んだことで知られる書物です。全部で二百数十首の「今様」を今日に伝える歌謡集ですが、そのなかにこんな歌がでてきます。

〽遊女《あそび》の好むもの

雑芸《ぞうげい》、鼓《つづみ》、小端舟《こはしぶね》
簦翳《おおがさかざ》し、艫取女《ともとりめ》
男の愛祈る百大夫《ひゃくだいふ》

ここにいう「雑芸」とは歌、小端舟とは小舟、簦は大きな日傘、艫取女とは小舟でろを漕ぐ役目の女、百大夫とは**男性器**（**ペニス**）のことです。

これは、旅人が行き交う河の渡しや河口の港で、着飾った「遊女」が大きな日傘をさし、仲間の女が漕ぐ小舟で、鼓を打ちながら流行歌を歌って男性器の持ち主である客たちに近づく情景を謳《うた》った歌です。

さきほどのところで「遊女」が第一義的には女性の芸人を意味すると書きましたが、今様歌が彼女たちの表芸だとするならば、春を売るのは裏の稼業でした（「男の愛」とは性愛のこと。当時の新語ですが、いま読んでもこの言葉の響きは新鮮で、日本の詩の歴史上、この語が使われたのはこの歌が初めてとされます）。

「いろは歌」は初めから遊女たちが歌う歌詞の形式をあたえられ、彼女たちがもてなす客たちとの交情のなかで爆発的に広まっていったものだったのです。

あたりまえですが、日本語を使うのはエリートだけではありません。その使い手の圧倒的多数は名もなき庶民たちです。

「いろは歌」の作者、「知識人X」が狙いをさだめたのもこの庶民たちでした。

しかもそれは実質的には「遊女」という社会の最底辺を生きる人々を意味していた。

これが「いろは歌」がもつパワーの三番目の秘密でした。

しかし、それはパワーと引き換えに、この歌のモチーフに対するある**否定的な評価**につながることにもなります。

第四章 ● 「あの世を語らない」禅の教えが日本人を変えた

日本の中世は民衆文化の胎動期

まえに、日本人の「生き方」を根底から決定づけた「五百年革命」は十一世紀の初めに始まり、十六世紀の初めに完成したと書きました。

これは平安末期から鎌倉時代をへて室町時代の中期に至る歴史上の時期にあたります。そのほとんどすべてを占めるのが「**中世**」と呼ばれる時代です。

試みに、その「大転換」の時代の政治上の節目となる出来事をかかげると、左のようになります。

一一八五（一一九二）　鎌倉幕府の成立

一三三四　建武の新政
一三三八　足利尊氏、征夷大将軍になる
一三九二　室町幕府の成立
　　　　　南北朝の合一
一四六七　応仁の乱、始まる
一四七七　応仁の乱、終わる。京の都は焼け野原となり、戦国時代への扉が
　　　　　大きく開かれる

ちなみに、平安時代は藤原一族を頂点とする貴族政権の時代でしたが、その末期、どんづまりの時期に平清盛ら平家一門の武士勢力が台頭し、統治を左右する力を得て、それを引き継ぐ形で十二世紀の末に源頼朝が鎌倉幕府を樹立し、武家政権の時代へと日本は移行することになります。

統治の形式に注目すると、「大転換の時代」のうち、その助走をふくむ最初の二百年をのぞく三百年間が武家政権の時代です（後醍醐天皇が親政をこころみた建武の新政を除く）。

平安の末期、武士の台頭を示す**象徴的な事件**としておきたのが保元《ほうげん》の乱（一一五六）と三年後の平治《へいじ》の乱でしたが、天台座主《てんだいざす》として仏教界のトップに君臨し歌人でもあった慈円《じえん》（一一五五〜一二二五）が歴史書『愚管抄《ぐかんしょう》』のなかで、

保元の乱以後、日本国は武士の世（「ムサノ世」）になった

と記した話はあまりにも有名です。

鎌倉時代は武士の政権の始まりとともに、やがておとずれる室町の戦国乱世に先立つ**民衆文化の胎動期**でした。

日本人が一番「ものを考えた」十三世紀

鎌倉時代は、わたしが本書で主張してきた「五百年革命」――日本人の「生き方革命」――を考えるうえで**決定的な意味**をもつ時代です。

国文学者で、『方丈記』をふくめ定評ある注釈書を著した神田秀夫（一九一三～九三）という学者がいました。

神田さんはあるとき鎌倉時代についてこんなことを語ったことがあります。

「鎌倉時代ほど日本人がものを考えた時代はないような気がします」
（『日本古典文学全集』第27巻「方丈記・徒然草・正法眼蔵随聞記・歎異抄」月報　小学館）

ここでいわれる鎌倉時代は西暦の十三世紀に重なりますが、日本の宗教史ではいわゆる鎌倉の「新仏教」の時代といわれる時期をさしています。

法然《ほうねん》（一一三三〜一二一二）
栄西《えいさい》（一一四一〜一二一五）
親鸞（一一七三〜一二六二）
道元（一二〇〇〜五三）
日蓮（一二二二〜八二）

という「新仏教」の大立者たちが**綺羅星《きらぼし》のごとく**出現し、現在に至る日本仏教の各宗派の基礎を築きあげたことで知られる時代です。

また、この時代の新仏教を彩るキャラクターとしてはほかに、在野の聖《ひじり》として踊り念仏というユニークな布教形式を開発した一遍《いっぺん》（一二三九〜八九）の名前を忘れるわけにはゆかないでしょう。

宗教とは、世界とはなにかについて根本的に考える営みですから、これを見ると神田さんの指摘が正しいように思えてきます。

「考えない生き方」のルーツは鎌倉の新仏教

いまあげた新仏教の創立者たちを宗祖としてかかげることになった宗派はつぎの通りです。

法然↓浄土宗
親鸞↓浄土真宗
栄西↓臨済《りんざい》宗
道元↓曹洞《そうとう》宗
一遍↓時《じ》宗
日蓮↓日蓮宗

どれも聞きおぼえのある名前であることでわかる通り、これらは――現在、やや小ぶりになっている時宗をのぞき――明治以来いまに至るまで日本仏教の**主流派中の主流派**となった大宗派です。

鎌倉時代に出現した新仏教がその後の日本仏教にどれほど大きな影響をあたえたかがわかろうというもので、二〇一八年現在、日本にはコンビニより多くのお寺がありますが、皆さんの田舎の実家の法事の際などにもこれらの宗派の袈裟《けさ》を着たお坊さんの姿を見ることが多いはずです。

「新仏教」はこうして、八百年ほどたったいまもなお日本仏教の屋台骨を支えているわけですが、日蓮宗は明治以降、多くの「新宗教」の団体の母体となりました。創価学会がその代表例ですが、これらをふくめれば、「新仏教」の影響はひろく日本の近代の宗教地図全般におよんでいるといってもよいかもしれません。

国文学者の神田秀夫さんが鎌倉時代をさして、日本人が最もものを考えた時代だと語っていたことを紹介しました。

ただ、歴史の見方というのはさまざまで、新仏教の宗祖たちについてもこれとはまったく異なった評価がみられるのが面白いところです。

日本仏教の歴史をつづったスタンダードな入門書に立川武蔵さんの『日本仏教の思想』があります。現在、講談社新書の一冊となっていますが、この本のなかにこんな一文がでてきます。

「鎌倉時代から仏教の思想家たちは世界の構造や世界と自己との関係について考えることを

止めてしまっている」

立川さんは今日の日本の仏教学の最高権威の一人です。

右の文章は、具体的には、鎌倉の「新仏教」の多くが民衆に寄り添おうとするあまり、平安時代の学問的な仏教がもっていた、世界に対する「哲学的考察」「精緻な知的体系」を捨ててしまったことを念頭に書かれています。

どうでしょうか？　これは、ある意味では「**死刑宣告**」、宗教家がもってよいはずの「知性」に対する最も手厳しい批判《ひはん》ともいえる言葉かもしれません。まえにふれた通り、偉大な宗教家とは人々に対する救済の情熱と合わせて「世界」や「自己」、両者の関わりについてだれよりも徹底的に考えぬく人々をさす名にほかならないからです。

禅の精神の時代が到来する

では、神田さんの見解と立川さんの見解、どちらが正しいのでしょうか？

結論からいえば、じつは、どちらも正しいのです。

なんだ、と思わずに聞いていていただきたい。簡単にいえば、こういうことです。

神田秀夫さんは鎌倉の新仏教の時代にみられる「生き方革命」のプロセスについて語り、立川武蔵さんは結果について語っている。

わたしは「生き方革命」によって日本人が手にした生き方を「考えない生き方」と呼び、それについて第一章でこんなふうに記しました。

「個人であれ国民であれ、「生き方」は天から降ってくるものではありません。それどころか、それは（中略）徹底的に考えぬく作業を通じて初めて手にできるもの（である）」

一国の宗教の歴史は政治の歴史と複雑に絡みあっているのが普通です。平安時代から鎌倉時代へと移る間に、日本は本格的な「武士の世」をむかえることになりました。それにしたがい、伝統的な仏教の世界にも大きな変化が生じます。

「禅の精神の時代」の到来です。

禅は平安時代以前から断片的な形で中国から伝わってはいましたが、まとまった体系とともに輸入されたのが、この平安から鎌倉に転換する時代でした。
まず一一六八年と八七年の二度にわたって栄西が宋に渡ります。初めは仏教一般について学ぶつもりで留学した栄西でしたが、たまたま出会った臨済禅の師の教えに目を見開かれ、本格的に禅の修行に没頭します。

帰国後は、鎌倉の二代将軍頼家や尼将軍とよばれた実力者北条政子からの帰依《きえ》をうけ、一二〇二年には京に建仁寺《けんにんじ》をたて、また幕府と結んで精力的に禅を広めました。

鎌倉に臨済宗の大寺院が多く、「禅の都」となったのは栄西の影響力の大きさを表しています。栄西は日本人として「正規の禅僧第一号」になると同時に、のちに一休や白隠《はくいん》などの名僧を派出する日本臨済宗の宗祖になりました。

また、同じく宋に学んだお坊さんとしては道元の名を見落とすわけにはいきません。

一二二三年、栄西についで宋に留学した道元は、浙江《せっこう》省の天童山景徳寺《てんどうざんけいとくじ》で修行をする最中に「身心脱落《しんじんだつらく》」、すなわち一切のとらわれからの解放される「悟り」を体験します。日本に帰ったあと、道元は、京都郊外の宇治に中国の禅宗と同じ様式の僧堂をもつ興聖寺《こうしょうじ》を建立し、わが国で最初の正式な禅の説法をおこないます。

そのかたわら、『正法眼蔵《しょうぼうげんぞう》』という禅の精髄を伝える大著を著わし、一二四四年には越前にのちの永平寺《えいへいじ》の元となる道場を開きました。

道元は栄西とは異なり、幕府と結ぶこともなく生前は孤高の立場を守りましたが、かれの死後、教えを継いだ弟子たちの精力的な布教の結果、その禅は武士や農民たちの間に広く受け入れられることになります。

道元は、宋での修行中に学んだ曹洞宗の名をとり、日本曹洞宗の宗祖と称されることになりました。

「霊魂の不滅は愚か者の考え」（道元禅師）

ところで、このように武士の世に台頭した禅仏教でしたが、その教えにはそれまでの平安仏教にはない一つの共通した特徴がありました。

それは、

「あの世を語らない」

という特徴でした。

さきほど、現在の曹洞宗の宗祖となった道元についてふれました。のちにかれの主著『正法眼蔵』におさめられることになった「弁道話《べんどうわ》」にこんな興味深い一節がでてきます。

「世の中には霊魂は不滅だという人がいる。が、そのような考えを仏教だと思うのは瓦や石ころを黄金の宝と見るよりももっと愚かというべきだ。愚かすぎて恥ずべきことこのうえない。人は生まれて死ぬ。この事実を受け入れるところ以外に悟りはない」

いかにも「ありのままの事実」を尊ぶ禅僧らしい言葉ですが、同じような考え方を披露したお坊さんに、まえに名をあげた一休（一三九四～一四八一）がいます。

『一休骸骨《がいこつ》』『一休水鏡《みずかがみ》』などの法語集《ほうご》（仏教の教義を説いた書物）が伝えられる、最近話題の応仁の乱の時代を生きた臨済宗の僧侶でした。

民衆的な人気では今日でもナンバー1といえる存在で、「一休とんち話」やTVでアニメ化されたことで知られていますが、これはかれの子供時代のイメージをもとに作り上げたお話。成人した一休はみずからを「瘋癲《ふうてん》」と称し、人を食った毒舌とパフォーマンスに彩《いろど》られた人生を送った、破天荒なお坊さんでした。

一休はその『一休骸骨』のなかで、

「多くの人は迷いの目で『人間は死ぬと身体は滅びるが霊魂は死なない』と考える。が、それは大きな間違いである。悟りの目で見れば、死ぬときは身も霊魂も滅びることは明らかだ」

と語り、**「霊魂不滅説」を一蹴《いっしゅう》**しています。

「霊魂不滅説」とは人間の霊魂はその死後も存続するという考えですが、そこに前提とされるのは、死後の霊魂の行き先としての「あの世」の実在です。

いわゆる「極楽」「地獄」のことですが、一休の禅僧としての立場からすれば、これもまた容赦なく切り捨てられざるを得ません。

一休の言葉を後世にまとめた法語集にはさきにかかげたもののほかに『一休和尚法語』があります。同書は「あの世」の問題についてつぎのような問答をのせています。

「地獄はどこにあるのか？」

「おまえの心の中にある。なにかにとらわれ、腹をたて、物事が思い通りにならないといって悩む心の三つの毒がおまえを地獄に落とすのだ。地獄といってもどこか遠くにそういう世界があるわけではない」

また、「極楽はどこにあるのか？」という問いについては、

「おまえの心の中にある。さきにあげた三つの毒を払いのけたところが、すなわち極楽浄土

なのだ」

と一休が回答するやりとりものせています。こうして「あの世」という考えは極楽地獄もろとも粉砕されることになります。

歴史家で中世の文化史にくわしい大隅和雄さんは、鎌倉時代も後半になると、地獄は極楽の対極にたてられた「仮構《かこう》の世界」、すなわちフィクションになり、

「あることは知られていても、余程《よほど》のことがないかぎり、そこへ堕《お》ちることはないと考えられるようになった」（『日本の中世』2「信心の世界・遁世者の心」中央公論新社）

とし、また地獄で待ち受けて人を裁くのでおなじみのエンマ大王も室町時代に入ると「零《れい》落《らく》して……祭礼の作り物の題材として好まれるようになったりした」と書いています。

これは平安末期以来、地獄・極楽という考えと格闘した日本人が、その結果として、

「あるかないかわからないあの世を考えても仕方がない」

という立場受け入れてゆくプロセスをよく物語るエピソードだといえるかもしれません。

「極楽も地獄も人の心の中にある」!

日本の中世は見かけに反して「あの世」という観念が人々の意識のなかでリアリティ(現実感)を失ってゆくプロセスとなり、禅宗の興隆はそれを象徴する出来事でした。

ただ、そうした考えの変化の流れのもとにあったのは、なにも禅宗にかぎったことではありません。

仏教では「あの世」は極楽や地獄とともに語られるのがきまりになっています。

禅宗が「あの世」について語らなかったことはすでに見た通りですが、一方、極楽と地獄を熱心に語ったのが——「極楽浄土」という言葉があることでわかる通り——浄土仏教系の宗派でした。

まえにあげた仏教の各宗派のうち、法然の浄土宗、親鸞の浄土真宗、あとは一遍の時宗が浄土仏教系に属しますが、極楽や地獄は人の心のなかにあるという見方は、やがてこの宗派の人々にも受け入れられ、鎌倉から室町へ時代とともに根をおろすことになります。

江戸時代の初めに『妙貞問答《みょうていもんどう》』という書物がありました。禅僧を経てキリシタンとなった不干斎《ふかんさい》ハビアン（一五六五〜一六二一）という人物が書いたものですが、そのなかでかれはこんなことを語っています。

「浄土仏教もホンネでは、人間は死ねば無に帰し、あの世などないと思っている。親鸞聖人《しょうにん》もそのことをよくわきまえていた」

親鸞は法然（浄土宗宗祖）の弟子でしたが、のちにみずから浄土真宗を開いた新仏教の大物の一人です。

では、なぜ親鸞は「極楽往生」を説いたのか？　それは「**方便**《ほうべん》」のためだったとハビアンはいうわけです。方便、つまり民衆を救うための「仮の手立て」として「あの世」を説いたにすぎないのだ、と。

ハビアンはかつて禅僧だったので日本の仏教界の内幕に通じていました。これは彼が当時キリシタンになっていたということを割り引いても面白い指摘です。

さきほど、鎌倉の新仏教は世界に対する「哲学的考察」を書き、ものを考えるのをやめてしまったという仏教学者の立川武蔵さんの言葉を紹介しました。

新仏教の師だった法然や親鸞の教えの大きな特徴の一つは、

「ただやみくもに極楽往生を信じよ」

と人々に説く点にあります。なるほど、一見したところそこには平安仏教が誇っていた高度に学問的な考察はありません。

こうした態度は、人々の間の「あの世はあるのかないのか結局わからない。考えても仕方がないものに意味があるのか」という諦観《ていかん》に似た認識の深まりを前提にして初めて成り立つものです。あの世はあやふやな存在だからこそ、とにかく信じよというわけです。

もちろん、こういう「考えない生き方」の勧めは法然や親鸞の徹底した思索の結果として生まれたものだったわけですが、この浄土仏教系の宗派には、中世の頃、念仏宗という異名がありました。

「南無阿弥陀仏」

と唱えるのが「念仏」です。「念仏」は極楽往生を祈るために唱えられますが、極楽の実在を信じることと死ぬまぎわの苦痛をまぎらわせる**鎮痛剤**として「念仏」を唱えることとは別の話です。

後者はむしろ極楽に対する信心の世俗化の実情を証すものとしてとらえることができます。法然や親鸞の教えにみる単純化（ミニマル化）はこの流れに対応したものだったといえるかもしれません。

地獄が虚構になったのは中世から

このような意味での「禅の精神の優位」は、戦国乱世から江戸時代にむけてさらに大きな流れを作っていきますが、ただ、こうした傾向は浄土仏教系の人々の間にかぎったものではありませんでした。

禅宗や浄土仏教系の宗派と同じく鎌倉時代に発し、武士や農民、商人たちの間に広まった宗派に日蓮宗があります。

宗祖となった日蓮は鎌倉時代の中期に活躍した僧侶です。

日蓮というのは大変筆マメな人物だったようです。日蓮上人《しょうにん》と聞くと折からの蒙古襲来にあたって「いままさに国滅びんとす」と大音声で危機を叫びつつ、鎌倉幕府による信徒の弾圧と闘いつづけた**硬骨漢**という戦闘的なイメージをもつ方も多いと思われますが、かれが残した手紙類を読むと、じつに繊細で心細やかな人柄を感じさせ、一般に広まったイメージとのギャップに驚かされます。

その日蓮がある尼僧にあてた手紙のなかでこんなことを書いています。

「地獄が地下深くに、極楽は西の彼方にあるという見方がある。が、よく考えてみれば、地獄も極楽もわれわれの心の中にあるのだ」

日蓮は禅宗が大変嫌いで、著作のなかで悪口を語っていますが、このように、親しい相手への手紙では極楽や地獄つまり「あの世」の存在は心が作り出すものにすぎないとしていた。これは、日蓮が「あの世」に関するかぎり、道元や一休と事実上同じ立場にあったことを示すものでしょう。

また、かれらの立場は、思索の結果得たものであると同時に、当時の民衆の**「あの世」に関する受け取り方**の変化の流れに棹《さお》をさしたものだったのでしょう。

まえに歴史は権力者と民衆のどちらか一方の作品ではなく、両者の相互作用のダイナミズムが作りあげるものだと書きましたが、同じことは新仏教の「教祖」と「一般の信者」の間にもあてはまります。

これは**「教えを乞う者」こそがじつは「教えをさずける者」だという事実**であり、教祖たちの著作資料に頼る宗教史が見落としがちな側面でもあるように思えます。人はしばしば自分が漠然とかかえた考えの正しさを確認するためにだれかに教えを乞う。このことを忘れてはならないでしょう。

そして、この民衆をまきこんだ、と同時に民衆を湧出点《ゆうしゅってん》ともした考え方の変化の登場、それが「いろは歌」に始まった日本人の「生き方革命（五百年革命）」を成功させた最後の理由に関わってくるのです。

「あの世」の考えを否定する

第三章のなかで「いろは歌」が日本人の「生き方革命」の発火装置になったことについてのべ、「いろは歌」と「生き方革命」が成功した理由として四つのことをあげました。

そのうちの三つは、

Ⓐ論理性の解体
Ⓑ修行の無視
Ⓒ庶民性の獲得

であり、これらはすべて「いろは歌」のなかにふくまれていると指摘しました。

「いろは歌」と「生き方革命」が成功を得た四つめの理由は、

Ⓓあの世の否定

というものでした。

これについては第三章では項目としてあげたのみでしたが、ここで説明することにしましょう。

「いろは歌」は読んでわかる通り、「あの世」については一言もふれていません。ただ、人生という旅路をたどって生きてゆく人間に対する共感にみちた励ましを美しい抒情とともに謳《うた》いあげているだけです。

また、「いろは歌」は、「あの世」について言葉の上で積極的に否定しているわけではありません。

四つめの理由Ⓓは、「いろは歌」が世の中に広まるにつれ、歌が言葉の底にひそませていた要素として、ⒶⒷⒸの要素が刺激する形で生みだされていったものでした。

ⒶⒷⒸの三つの理由に共通するは、一言でくくれば、

「現世への強い志向」

という要素です。

Ⓐの「論理性の解体」についてみれば、『無常偈《むじょうげ》』の論理性は「諸行無常」の論理を骨太に説くところにありましたが、それはあくまで「修行者の目線」にもとづく論理性でした。

「いろは歌」はその論理を解体して「情緒」に転換することで、「**俗人の目線**」という原詩になかった要素をとりこむことになります。

Ⓑの「修行の無視」はこのⒶの側面をさらに一層強く打ちだしたもので、そこでは「修行」の必要を説くしめくくりの句が、

「世俗の虚栄を夢見て浮かれず、とりつかれずにそれでも生きてゆこう」

というまさに「俗人の目線」そのものに作り変えられてしまいました。

同じように、Ⓒの「庶民性の獲得」も「今様」という庶民、それも「聖」とは対極にある「遊女」の歌の形式をあたえることで、「いろは歌」の「聖」の論理からの離脱をダメ押し的に助けることになりました。

では、平安時代以来、ここにいう「聖」とはなにを意味したでしょうか？　それは、

「あの世について説く人」

を意味しました。

いま、「いろは歌」は言葉の上では「あの世」を否定しなかったと書きました。けれども、歌の底にひそんでいた「考え」は明らかに**「あの世」の存在への懐疑**を示すものでした。そしてその懐疑は、「いろは歌」が人々の間に広まるにつれ、はっきりとだれの目にもわかる形で表面化し、「生き方革命」の仕上げに貢献することになります。

日本人の「現世至上主義」が確立する

さきほど「禅の精神の時代の到来」について記しました。
これは簡単にいえば、日本の中世において、

「**浄土仏教的世界観**」
↓
「**禅的世界観**」

への武士を中心とした転換、さらに浄土仏教が「あの世」を熱心に説く仏教だったことをふまえれば、

「**現世至上主義の確立**」

とも呼ぶべき現象でした。
もともと、こうした「現世への志向」は「いろは歌」がその奥底にたずさえていたもので

した。

それは、歌の文面をたどっただけでも、感じ取ることができるでしょう。

ただ、「現世への志向」と「あの世を否定すること」はイコールではありません。平安時代というのは、古代以来の貴族中心の「学問仏教」が根を張った時代であり、「知識人X」はその文化のなかに生まれ育った平安インテリの一人でした。

かれはなるほどかれを取り囲む時代への挑戦者だったかもしれません。が、その勇敢な「知識人X」にしても、権威ある「学問仏教」がもつ「あの世」のおしえ自体を言葉の上で真正面から否定してみせるのは、さすがに敷居が高かったはずです。

が、かれがそうして口をぬぐって歌の言葉の奥底にしまいこんだ「考え」、それは「生き方革命」の段階を追った進行につれてまるで洗い出されたようにくっきりとした形で浮かびあがることになりました。

それだけではありません。

さらに興味深いのは、こうした成り行きが人々を「いろは歌」のもつ「憂い」、歌がたずさえていた世界観の基本的なトーンから解き放つ契機を提供した、ということです。それは具体的には、次のようなことです。

「霊魂不滅説」のところで、鎌倉時代も後期、つまり十三世紀後半になると「地獄」は虚構ととらえられ、エンマ大王は祭礼の作り物として好まれるようになったという中世史家の大隅和雄さんの指摘を紹介しました。

「あの世」、つまり地獄や極楽があるのかどうかわからないという事情に、平安時代の「いろは歌」が生まれた十一世紀の初めも、地獄関連の魔物が「見世物」となった十三世紀後半も、変わりはありません。

ただ、こうしたあやふやな、いつまでたっても「さだかでない」事柄に人が気をとられるとき、そこに、

「憂い」

の感情が生まれることになります。あるならある、ないならないで、はっきりすれば心のもちようもある。ところが、どちらなのかよくわからない。その結果、**もやもやした思い**がいつまでもつきまとうことになるわけですね。

このもやもやを吹っ切って、「考えても仕方がないことは考えても仕方がない。くよくよするのをやめて、事実からのみ出発しよう」という立場から、

「人は生まれて死ぬ。あるのはこの事実のみ」

と言い切ったのが禅であり、

「あの世は心のなかにある」

とべつの立場から語ったのが日蓮でした。

まえにのべた通り、日蓮は禅宗に批判的でしたが、このように、

「現世至上主義」

という点では時代の流れに棹をさす者として、両者は一致していたのです。

伝統的な平安仏教が重んじた修行を否定し、世俗の優位へ舵を切りながらそれでいて「いろは歌」がなお抱えていた「もやもや」——それは「知識人X」が平安知識人としてもつ「**限界**」（**時代の制約**）でしたが——を払拭《ふっしょく》し、

「あの世なんてあるかないかわからないものは考えるな。

そんな暇があるのなら目を現世にむけ、この世をたくましく生きぬけ」

と命じたのが鎌倉の新仏教の師たちだった。

しかし、よく考えてみればそうした転換を可能にしたのは、「いろは歌」にみられる聖職者の役割の実質的な棚上げ、俗人の目線の獲得——当時としては大胆な——の思想であり、それを種に花開いたものこそがこの「現世至上主義」でした。「いろは歌」は平安時代にありながら近代の時代にマッチした世界観を用意していたというとき、最初に注意すべきはこの側面だということになります。

第五章 ● 「憂き世」から「浮き世」へ

鎌倉武士が禅に帰依《きえ》した切実なワケとは

いままでの章で、日本人が「中世」を中心になしとげた「生き方革命」について語ってきました。それは費した期間に着目すれば「五百年革命」と名づけられる革命でした。

ここで簡単におさらいをしておきましょう。

■日本人はＰＴＧ（トラウマ後成長）の自覚なき達人である。

■それは日本人の思考を「無意識」のレベルで特色づける「思考の枠組み」がもたらすものであり、ふだんはめったに意識されることはない。

■その「思考の枠組み」の中味は「考えない生き方」の一語に集約できる。

■「考えない生き方」を身につけるまでには、一つの「革命」とそこに至るプロセスが必要だった。
■それが十一世紀の初めに始まり、十六世紀の初めに成就する「五百年革命」と呼ぶべき歴史上の大移行だった。
■革命はエリート層にとどまらず、庶民層をふくめておこなわれる根こそぎの大転換の規模をもつものになった。

第四章で、「武士の世」の到来は「浄土仏教的世界観」から「禅的世界観」への主役の交代を意味したと書きました。そして、そうした世界観の変貌は、民衆の「あの世」についての考え方の変化と手をつなぎ、事実上、浄土仏教の内部でもおきていたことを指摘しました。

浄土仏教的な世界観は「極楽」とともに「地獄」の存在について説くものです。

一方、武士とは「殺生《せっしょう》」を生業《なりわい》とする人々のことです。浄土仏教的な世界観に立つかぎり、かれらは死ねば「地獄」に落ちることを**宿命づけられた**存在としてこの世を生きるしかありません。

だからこそ、平安時代を通じて、武士たちは天皇をかかげる宮廷貴族たちから「犬畜生」にも等しいあつかいをうけ、武士自身もそれを甘受していたわけです。

そんな武士たちにとって「あの世」を説かない禅の教えが「自分たちのためにある」と感じられたのは自然な話でしょう。

武士の世の本格的な到来の時代となった鎌倉時代が禅の教えの活発な受容期になったのにはこうした歴史的な背景があったわけです。

「死後のことは死んでみなければわからない」がブッダの立場

仏教はよく「世界三大宗教」の一つだといわれます。

「世界三大宗教」とは、

キリスト教

イスラム教

仏教

のことですが、西洋には、「仏教は哲学であり、宗教ではない」という理由からこの見方に疑義を唱え、仏教をキリスト教やイスラム教と同じ仲間に加えるべきではないと主張する人々が珍しくありません。

これはある意味で当然なことで、というのも、ブッダの説いた教えには、一つの特色がありました。

「あるのかないのかわからない事柄にはとらわれるな」

というのがそれで、この事柄には、

「神様」

「あの世」

の二つが仲良くならんでふくまれることになります。そして、こうしたブッダの立場はかれの修行論の基礎にもなっていて、

「あるのかないのかわからない事柄にとらわれてくよくよする暇があるなら、生きている間（現世の間）に修行をおさめて、くよくよしないですむように安らぎの境地を得なさい」

というプラグマティックともいえる態度につながることになる。

ブッダのいう「修行」が瞑想をさすことはすでにふれた通りですが、この問題（あの世に関する問題）について、ブッダがある修行者とかわしたこんな問答が『スッタニパータ』という古い経典に伝わっています。

修行者「人は死んだあと、どうなるのでしょうか？」

ブッダ「死んでしまった者について、われわれに知るよすがはない。一切が滅びたときそれを論じる手段はない」

これで明らかな通り、ブッダは「あの世」については、

「死後のことは死んでみなければわからない」

という明快な立場を明らかにしていました。

「神などにたよるな」と説いたブッダ

ただ、仏教の歴史は――あらゆる宗教の歴史がそうであるように――変貌の歴史です。

その最も顕著な例が、ブッダの死後におきた「あの世の教え」の取り込みです。

これはブッダが亡くなり、弟子たちが亡き師の教えを口承の形でまとめた頃から活発になった動きでしたが、それにはある理由がありました。ミもフタもない話、「悪いことをすると地獄に落ちる」という話は、理屈としてわかりやすくて、説教する側される側双方にとって楽なのですね。これはこれで小むずかしい道徳の議論を考えずにすむ。

ある仏教学者は、これを、ブッダの死後、仏教に生じた、

「方便《ほうべん》の肥大化」

と呼んでいますが、禅仏教はこの点にかぎってはブッダの立場を比較的忠実に守ったといえるかもしれません。

一方で、浄土仏教など「地獄」「極楽」を民衆教化の観点から積極的に語る仏教もあったわけですが、その結果として、

「仏教はあの世についての教え」

という見方が「常識」として誕生することになります。

また、「あの世」だけではありません。

さきに「あるかないかわからない」もう一つの事柄として「神様」をあげましたが、面白いことに、ブッダはこちらに関しても否定的な態度をとりました。

ブッダの時代のインドはいまと同じようにヒンドゥー教が主流の国で、人々はバラモンと呼ばれる祭司たちにしたがってインド古来の神々を拝んでいましたが、ブッダはこれについて、

「神々を祭るバラモンは神々をその目で見たこともなく、どこにいるのかも知らない。そのくせむやみに語りたがる。かれらの言葉はすべて噴飯物《ふんぱんもの》であり、うつろなものにすぎな

い」

と批判しています。『ディーガニカーヤ』という経典にでてくる言葉ですが、同じように、「自分は神を呼び出せる」というバラモンの主張に対しては、

「それは河の向こう岸にむかって『向こう岸よ、こちらに来い、こちらに来い』と叫ぶような無意味なふるまいだ」

と手厳しく非難。神に祈るために火を焚《た》く儀式をするバラモンに関しては、「火を焚いて身が清められるならば、鍛冶屋《かじ》はとっくに解脱している」と嘲笑した話が伝わっています（これでわかる通り、ブッダという人物は、けっこう「毒舌」的発言を得意とする人物でした）。

結局、ブッダの立場は、

「**あの世も神も信じるな**」

ということでした。もっと具体的にいえば、

「神にもたよらず、あの世にもたよらず、生きている間に、瞑想によって安らぎの境地を得なさいな」

というもので、この安らぎこそが「涅槃」とか「悟り」と名づけられたことはすでにのべた通りです。

「あの世」観の転換を用意した鎌倉時代が終わり、室町時代が始まった十四世紀の前半に『幻中草打画《げんちゅうそうだが》』という禅の仮名法語《かなほうご》がありました。

そのなかにこんな問答がでてきます。

「人間が死んで肉体が滅びても魂は死なないという人もあり、肉体が滅びれば魂も滅びるという人もいる。どちらが真実なのか？」

「肉体が滅びても魂は滅びないというのはブッダの教えを知らない外道《げどう》の言い草である」

「外道」とは「仏教を知らない異教徒」をさし、ブッダの時代から使われていた言葉です。

禅仏教も浄土仏教も、インドが仏教を輸出した中国で発展をとげた仏教（日蓮宗は日本生まれ）でしたが、禅仏教の「あの世」観は、ブッダの現世至上主義、

「**現世あるのみ**」

をかかげた点で、ブッダの原点に**先祖返り**したものだったといえるかもしれません。

歴史上の革命にみる二つの型

一般に、歴史上の革命には大きく分けて二つのタイプがあります。

①誰の目にもそれとわかる「短期決戦型」
②一見それとわからない「長期だらだら型」

日本の例でいえば、明治維新や一九四五年の敗戦後の占領のもとにおこなわれた革命が前者で、政治や経済のレベルの激変は引き起こすものの、では思考の枠組みといった「無意識レベル」の変革まで発生させるかという点になると、疑問符がつく場合が多い。

これに対し、だらだらと際限なくつづく分、人間を物事の発想の**根底レベルから**変えるのが後者の「革命」で、本書がいう「五百年革命（生き方革命）」もこれに分類されます。

本書では、そのプロセスが、紆余曲折をへながらも近代的なるものを準備する結果になった理由として、四つのことをあげました。「五百年革命」のプロセスは中世の時代とほぼ重なります。

Ⓐ論理性の解体
Ⓑ修行の無視
Ⓒ庶民性の獲得
Ⓓあの世の否定

このうち、ⒶⒷⒸは「いろは歌」にすでに明確に認められるもの、Ⓓはそれらの底に横たわり、時とともに表面化して「聖」（僧侶の論理）からの離脱を決定づけるうえで**最後の一押し**を演じる役目をはたした「現世至上主義」でした。

一つの世の中からべつの世の中への本格的な移行は、前者を支えていた「哲学」、とりわけ「**人生哲学**」**の変化なし**には語れません。

「五百年革命」の結果、日本人は、

「ものにとらわれない」

「原理主義的でない」

という中国人の観察者の目に「禅味」と映る「生き方」の特質を獲得した。それをベースにして洗練されていった文化は日本人を「**無常先進国**」**の国民**として生まれ変わらせることになりました。

「考えても仕方がないことは考えない」

「五百年革命」のなかでどのような変化がおきたのか、次の章の内容の先取りもふくめて、内容について図にまとめてみましょう。

悲観主義	→	楽天主義
受動主義	→	能動主義
静態主義	→	動態主義
観照主義	→	行動主義

右の図のような変化の根底を支えたのが、「いろは歌」に起因する、

「無常」観念の歴史的な大転換

であったことはいうまでもありません。

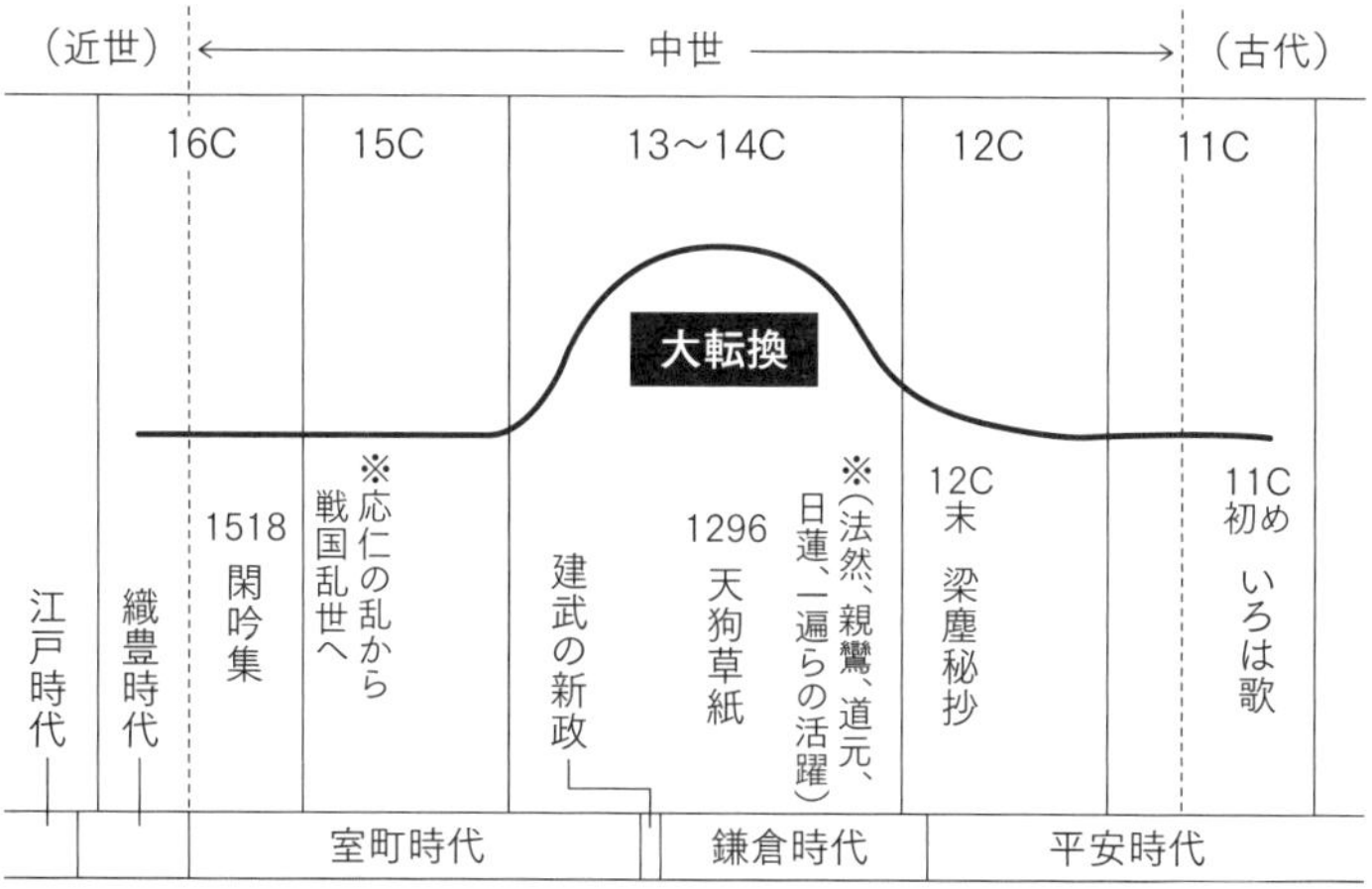

「五百年革命（生き方革命）」関連年表

それによって中世末期の日本人が手にしたのは、

「考えない生き方」

と要約できるものでした。

西洋に「**メメントモリ**」（**死を想え**）というラテン語由来の言葉があります。ヨーロッパの中世末期の流行語で、

「死について考えない人間はものを考えない」

という見方にもとづく言葉です。

「生き方」をめぐる哲学の転換は「死」（あの世）に関する哲学の転換なしにはあり得ませんし、両者は初めから表裏一体のものです。

日本人は「五百年革命」を通じて、「死後についての考えにとらわれるな」という考え方、死後観を受け入れることになりました。そして、それは「日本仏教史」の観点からみれば、日本人が禅的な人生観（「禅味」）を獲得してゆくプロセスを意味することになりました。

禅的な人生観が克服の相手としたのは、平安時代以来の浄土仏教的な人生観でしたが、後者は、「死後のことは死んでみなければわからない」というシンプルな認識の受入れにもとづく、「考えても仕方がないことは考えない」という現世至上主義的な思考に、気がつけば席を譲ることになりました（浄土仏教の内部でも同様の変化があったことは、すでに見た通りです）。

そしてそのことは、当然ながら、浄土仏教が看板としてかかげていた、「生前の善行は人を極楽に導き、悪行は人を地獄に落とす」という考えへの挑戦につながることになります。

「死ねば罪など消えてなくなる」という思想

第四章で「霊魂不滅説」をとりあげた際に、室町時代の禅僧の一休についてふれました。「善行は極楽を、悪行は地獄を保証する」という考えは、一般に、

「**因果応報思想**」

と呼ばれるものです。

一休にその説教をまとめた『一休骸骨《がいこつ》』という法語集があることはすでにのべましたが、この書物は一休のお喋《しゃべ》りをそのまま文章にした散文とかれが詠《よ》んだ歌とからなっています。その歌のなかにこんな一首がでてきます。

焼かば灰
灰埋《うず》めば土となるものを
何か残りて罪になるらん

「生前、どんなに罪を犯したところで、人間、火葬にされれば灰になり、土葬になれば、土に帰ってそこで終わり。どうして後世に罪の報いがおよぶことがあるものか」というわけです。

また、こんな歌も一休は詠んでいます。やはり前章で紹介した『一休和尚法語』という本におさめられたものです。

報いぞと

見るは愚かの心かな
善き事につき悪しき事にも

「善い事であれ悪い事であれ、なにか事がおきたときにそれを前世の報いと考える人間がいる。そんなことは馬鹿げている」というわけです。

ここでは、霊魂不滅説と結びついてきた因果応報思想が見事なまでにコケにされています。

なお、因果応報思想とは、

「自分自身の行いが後の世の自分におよぶ」

という**徹底した自己責任の思想**です。日本人は信じてもいないのに「親の因果が子に報い」などということがありますが、これは因果応報思想の間違った理解からくるものです。親子といえどもあくまで他人同士。親の因果（＝悪行）の報いが子におよぶ余地は論理的にありません。

わたしは、日本人は自分を悲観的と思っている分、じつは楽天的な国民なのだと思っています。

「仕方がない」は日本人がよく口にするせりふの一つですが、このペシミズムはどこかで「どうにかなるさ」式のオプティミズムにつながっているようです。

ポジティブな「諸行無常」への転換

「諸行無常」のおしえは日本人が生きるうえでの最強の宗教です。

「無常」のおしえから引き出されるのは、

「とらわれるべきものなどどこにもない」

という考えです。

仏教はブッダが二千五百年前にインドで創始した教えです。それは瞑想の修行の必要の教えを説く「瞑想の宗教」でした。そしてそこで修行をおさめる人間の最終ゴールにおかれたもの、それこそが、

「一切のとらわれからの解放」

という境地でした。

鎌倉時代の日本人の死（あの世）をめぐる徹底した思索は「あの世」について考えることの無駄をあらためて悟らせ、「この問題でくよくよするのはやめにしよう」という**ポジティブな思考停止**を広範な人々に受け入れさせることになりました。

考えても答えがでない事柄にとらわれること――「死後の世界」に関する思索が典型です

が――はわたしたちに、
「憂いの感情」
をもたらします。
世の中は、「憂い」の思いを引きずって生きてゆくしかないと考えるとき、

「憂き世」

そのものになります。
が、歌舞伎のせりふではありませんが、川の流れと人の世は一瞬もとどまろうとはしませ
ん。かつて「有為」が「憂い」になり変わったように、「五百年革命」はその結末に、平安時代以来の「憂き世」の最終的な変貌を証す言葉を誕生させることになります。

「浮き世」

がそれでした。

『閑吟集《かんぎんしゅう》』——一期《いちご》は夢よ、ただ狂へ

本書は「時代の心」を知るためのドキュメントとして、その時代の庶民が愛唱した歌、流行歌をえらびました。それは「いろは歌」をめぐる警句を発した芥川龍之介のやり方にならったものでした。

ここに『閑吟集《かんぎんしゅう》』という室町後期の歌謡集があります。「五百年革命」の最終ステージ、中世末期の日々を生きる庶民が歌っていた流行歌を集めたアンソロジーです。

編まれたのは十六世紀の初めの一五一八年。応仁の乱の終結からしばらくたち、織田信長の台頭まであと四十年という時期の、まさに戦国乱世の真っただ中を生きぬく運命にあった**当時の庶民たちの心情**を表した歌がおさめられています。

中世初めの流行歌は「今様」と呼ばれましたが、この時代に普及したのは「小歌《こうた》」といわれるより自由な形式の、のびやかでテンポのよい歌謡でした。

この小歌はその後、織豊《しょくほう》時代（安土桃山時代）から江戸時代まで生きのびて、「生き方革命」の成果として日本人の間に生じた「人生」についての考え方を鮮やかに伝えることになります。

たとえば、織豊時代から江戸の初め頃に流行した小歌としてつぎのものがあります。この頃庶民が口ずさんだ小歌として最も人気があったものの一つです。

〽ただ遊べ
帰らぬ道は誰も同じ
柳は緑、花は紅《くれない》

二度と帰らぬ道とは「諸行無常」の理《ことわり》をさしています。「柳は緑、花は紅」はその後芝居などで使われるきまり文句の一つになりましたが、自然の「ありのまま」を受け入れて、世の中を遊ぶように生きてゆこうというまさにどこかふっきれた、行動主義的な無常感を感じさせる歌です。

また、この時代の小歌としては、江戸初期の仮名草子《かなぞうし》、「恨《うらみ》の介《すけ》」にでてくる、

〽夢の浮世をぬめろやれ
遊べや狂へ皆人《みなびと》

もよく知られています。「ぬめろやれ」は「**ブッ飛んでゆこうぜ**」といった意味で、最近ロックバンドの歌詞の一部にもなりましたので、知っている方も多いでしょう。

『閑吟集』は時期的にはこれらの一つ手前の頃の成立で、約二三〇首の「小歌」が集められています。その多くは内容が次々と連なる連歌のような形をとっています。

こんなふうに。

〽世間《よのなか》はちろりに過ぐる　ちろりちろり
なにともなやなう　なにともなやなう　浮き世は風波《ふうは》の一葉《いちよう》よ
なにともなやなう　なにともなやなう　人生七十古来稀なり
ただ何事もかごとも　夢幻や水の泡
笹の葉に置く露の間に　あじきなの世や
夢幻や南無三宝
くすむ人は見られぬ　夢の夢の夢の世を　現《うつつ》顔して
なにせうぞ　くすんで　一期は夢よ　ただ狂へ

ここにいう「ちろり」は「あっという間」、「なにともなやなう」は「どうってことないさ」、

「あじきなの」は「どうしようもない」、「南無三宝」は仏教のこと、「くすんで」は「真面目くさって」、「現顔」は「深刻ぶった顔」、「なにせうぞ」は「だから何なんだ」の意味です。

以上をふまえて、現代語に訳してみると、

「この世はあっという間に過ぎ去るはかないもの。浮き世は風波にもまれる一葉の小舟。人生どんなに長くても七十年、どうってことないじゃないか。

すべては夢マボロシ、水のあぶく、笹の葉の露のようにはかないものと仏のおっしゃることはごもっとも。だが、深刻ぶったツラさげてこの夢の夢の夢の人生を生きてなにが面白いというのか。

すべて世ははかない。が、だから何だというのだ。真面目くさって生きたところで、一生は夢なのだ。すべてを笑い飛ばして生きてゆこう」

どうでしょうか？　戦国乱世の世相を背景にしたものとはいえ、同じ「はかなさ」を謳う「いろは歌」とはがらりと雰囲気が変わっていることに気づくでしょう。

「露」や「水の泡」といった「無常」を表す小道具は「いろは歌」の時代と同じものの、どこか鼻歌まじりで、もはや「憂い」のセンチメントは感じられない。小道具の表現はむしろ、

「だから何なんだ」という言葉に象徴される**逆転的な飛躍**の踏み台に用いられています。

「浮き世の精神」の誕生

また、ここであらためて目をひくのは、仏教そのものに対する人々の「距離感」の変化です。

さきほど引用した小歌のなかに、「南無三宝《なむさんぽう》」という言葉がでてきました。

「三宝」とは、

仏（ブッダ）
法（真理）
僧

をさし、まとめて仏教を意味します。

「南無」とは「～に帰依《きえ》します」という言葉ですから、「南無三宝」で「わたしは仏教に帰依します」「仏のおっしゃることはごもっとも」の意味になります。

「いろは歌」の作者はなるほどお坊さんが押しつけてくる修行の勧めこそスルーはしたものの、仏教の真理に対する敬意は失わなかった。

この点、『閑吟集』の小歌ではどうか？　たしかに言葉の表現上では帰依が表明されてはいるものの、どこか**軽くあしらわれている**印象は否めません。これが、実際に歌われた場合、歌われ方しだいでひょうきんな軽みをさらに増したであろうことは、容易に想像のつくところです。

いま歌詞に登場する「三宝」のうちの「法」を「真理」と訳しましたが、仏教は同じく

「真理」を表す言葉として

「実相《じっそう》」

をつかうことがあります。

『閑吟集』にはその「実相」を歌詞にいれたこんな小歌もでてきます。

〽梅花は雨に　柳絮は風に　世はただ嘘に揉まるる
人は嘘にて暮らす世に
なんぞよ　燕子が実相を談じ顔なる

「柳絮《りゅうじょ》」とは柳の綿毛、「燕子《えんし》」とはツバメをさしています。現代語に訳すと、
「梅の花が雨に、柳の綿毛が風に揉《も》まれるように世の中はただ嘘にまみれている。人はみな嘘をついて世の中を生きているのに、なんでまたツバメのように気取ったすまし顔で真理を

論じたがるのか」

となります。ここでいうツバメがお坊さんや熱心な信者、つまり仏の教えへの帰依者を意味することはいうまでもありません。

なんともシニカルで、まさに誕生した「浮き世」の精神をよく伝える歌だといえます。

また、同じ系統のものとしては、このような歌もあります。

〽ただ吟《ぎん》じて臥《ふ》すべし　梅花の月
成仏生天《じょうぶつしょうてん》、すべてこれ虚《きょ》

「この世では寝そべって梅の花や月を愛《め》で、詩を吟《ぎん》じていればいい。仏になる（悟りを開く）とか天に生まれ変わるとか、そんなことはすべて虚構なのだから」

というわけです。

もちろん、この歌の作者とて実際は戦国の世を必死で生きぬいていたはずで、ただ「寝そべって、自然を愛し、吟じて」いたわけではないでしょう。要するに、仏教がときにまぬがれない「**お説教臭さ**」**への皮肉**が作者の本意だったとみるべきでしょう。

もっとも、こんな調子で仏教をあざけりながら、世の中の夢マボロシであること、つまり「諸行無常」の教えだけはしっかり受け入れている。これは矛盾といえば矛盾ですが、このたぐいの自家撞着《じかどうちゃく》は人生にはつきもの。『閑吟集』の歌の作者たちは柳に風とばかりにまるで頓着《とんちゃく》しません。

いずれにせよ、ここで軽くいなされ、「排除」されているものが仏教の最も「説教臭い」考え、地獄・極楽、はたまた因果応報の教えであることは明らかでしょう。

日本人は近代の脱宗教化を先取りしていた！

ここに見ることができるのは『無常偈《げ》』の翻訳詩である「いろは歌」以来の「無常観」の教えの変遷が最後にみせた姿です。あるいは「**平安モダン**」**から**「**戦国モダン**」**へのシフト**の姿です。

『無常偈』の「諸行無常」は、中世の時間の流れのなかで、時代ごとの庶民に歌いつがれるなかで日本風に咀嚼《そしゃく》、吸収され、「**生き方**」**をめぐる文化**になります。

「いろは歌」によって「無常感」に生まれ変わりを強いられた「無常観」は、当初の悲観的で受動的なものから、乱世を生きぬく庶民の楽天的で能動的なものへと姿を変えてゆきます。

それは、まさに「大転換」というべきものでした。

では、そうしためざましい転換は「五百年革命」のどの段階、中世のいつの時代におきたのでしょうか？

それをうかがわせる資料として面白いのが『天狗草紙《てんぐぞうし》』です。

これは一二九六年、十三世紀の末、鎌倉幕府の滅亡を三十数年後の間近にひかえた頃に書かれた作者不明の絵巻物ですが、ここでいう「天狗」とは僧侶をさします。

当時の京や奈良の大寺のお坊さんたちの堕落ぶりを批判した読み物でもありますが、聖職者の偽善ぶりが痛烈に諷刺されています。

注目されるのは、そのなかにこんな一文が登場することです。


「朝露よりはかなく見ゆる電光は身の無常をば知るや知らずや」


いうまでもなく、「朝露」は平安時代以来、伝統的に「無常」のたとえとして用いられてきたものです。

が、『天狗草紙』の作者は、人生の「無常」を表すたとえとしては、それよりも「電光」、すなわち一瞬の稲妻の方がふさわしいとし、電光自身はそれを知っているのかどうか、と問うているわけです。

朝露や水の泡は「無常」を示す定番的な用語だったわけですが、『天狗草紙』より以前の時代に「電光」が用いられることはあまりありませんでした。

十三世紀の末といえば、本書が提示する十一世紀から十六世紀に至る「五百年革命」のまさに**中間地点**に当たる頃です。

「うい（ひ）」の変遷に着目しながら

「有為」

←

「憂い」

の移行を第一段階とすれば、

「憂き世」

←

「浮き世」の移行を第二段階とする、

「**二段階革命**」

が実現したのだと考えてもよいかもしれません。

このような「無常」のイメージをめぐる転換が中世の真っただ中に宗教批判の絵巻物でおこなわれていたことは重要です。

「五百年革命」の完成後、織豊時代をへて始まる江戸時代――『浮世物語』や「浮世絵師」の時代――は、現在の歴史の区分では「**アーリー・モダン**」（初期近代）として位置づけられています。

「いろは歌」のモダニズム（平安モダン）は、その世俗の優位への傾斜において「戦国モダン」を生み、生むことで近代社会、「脱宗教化」の時代をいち早く先取りするものになりました。

それは「諸行無常」という世界についての「ありのままの事実」を受け入れながら「憂き世」を「浮き世」に転化することで、**スピード感あふれる行動主義**を獲得することができました。

二十世紀の初めという日本の近代の只中にあって、芥川龍之介は「いろは歌」と同時代との関わりを指摘しました。

その近代はその後、ポストモダン（後期近代）という近代がかち得た要素があらゆる場面で加速のプレッシャーにさらされる時代へと移り、加速は「加速の加速」へと移りつつ二十一世紀の幕開けからやがて二十年をむかえようとする今に至ります。

では、問題の「無常感」はこの新しい時代にどのような装いとともに生きのび、わたしたちの「生き方」に関わるのでしょうか。そのことを考えるのが、第三部のテーマになります。

第三部

AI革命が開く
グローバル仏教の
時代

第六章・

「世界は仮想現実《バーチャルリアリティ》」という仏教の教え

ドッグイヤーからマウスイヤーへ

「**マウスイヤー**」という言葉があります。

ＡＩ（人工知能）やロボットなどの先端テクノロジーやイノヴェーションの問題に関心をもつ人々の間で最近使われだした、

「**テクノロジーの驚異的進化**」

とそれにともなう、

「人々の時間の流れの超加速」

をさす言葉です。

じつは、わたしがこの言葉を知ったのは坂村健《けん》さんの『IoTとは何か』（角川新書）という著書のなか。坂村さんはいまや日常語になったIoTのコンセプトの提唱者として世界的に知られた大変な先駆者ですが、それによると一九世紀後半から二十世紀は自動車、飛行機、無線通信、コンピューターとイノヴェーションが相次ぎ、その進化のスピードは人の七倍の速さで成長する犬になぞらえて、

ドッグイヤー

といわれた。ところが、二十一世紀にはいると、

スマートフォン技術
クラウドコンピューティング
ビッグデータ処理
グリッド・コンピューティング

ディープ・ラーニング
と目まぐるしい勢いで**ＩＴ、情報通信技術のイノヴェーション**が起こり、わたしたちはいまや人の十八倍の速さで成長するマウスのような**加速ならぬ超加速**の時代を生きている、というわけです。

「無常」の英訳語が impermanence（永続しないこと）であることはすでにのべた通りですが、わたしたちはそれと気づかない間にもはや大文字の、

IMPERMANENCE

がふさわしい時代に突入していたというべきかもしれません。

「無常先進国」の本領が発揮される時代

さて、本書は芥川龍之介が『侏儒の言葉』でのべた警句を叙述のための大きな手がかりとして用いました。

「我々の生活に欠くべからざる思想は、あるいは『いろは』短歌に尽きているかもしれない」

「警句」の本質は——この言葉を最初に紹介したおりにふれたように——鋭い断定で人を
ハッとさせる
「覚醒効果」
にあり、
「論証」
は読み手（の有志）にゆだねられることになります。

そしていうまでもなく、その**「論証」への挑戦**が本書の第二部『無常先進国』はいかに生まれたか」のモチーフでもありました。

本書の第三部「ＡＩ革命が開くグローバル仏教の時代」のテーマ、それは、

「芥川龍之介のたぐいまれな鋭い洞察がこれから先の日本人の生活にどこまであてはまるのか？」

という問いへの回答におかれます。

芥川が問題の警句を世に送りだしてから百年近くがたち、時代は「諸行無常」という真理を証明するかのように、驚くべき変貌をとげました。変貌は二十一世紀に入ってさらに速度を増し、いまや、「ライト兄弟が一九〇三年に飛行機を開発してから人類がロケットで月面に降りたつまで六十六年しかかからなかった」というドッグイヤーの世紀の決まり文句を色褪《あ》せさせ、陳腐に感じさせるほどのレベルに達しています。

「温故知新」という言葉がありますが、未来の予言の正確さを保証するのは、**歴史的な洞察力**です。

芥川龍之介の予言はドッグイヤーの世紀の初めに放たれました。

では、その予言の言葉は、一切がテクノロジーの進化のもとに「**加速の加速**」（**超加速**）の時間の流れのなかに放りこまれた二十一世紀初頭のいま、どこまで力をもつのか、有効射程をのばし得るのでしょうか？

本書の「はじめに」のなかでわたしはこのように書きました。


「日本は世界に冠たる『無常先進国』である」

そしてここでは――芥川龍之介の天才には足元にもおよばないことを百も承知のうえで――あえて臆面なくこんなふうにつけ加えたい欲求をおさえきれません。

「無常先進国」の国民が本領を発揮する時代がやってきた。

と。また、もう一つ追加が許されるならば、

発揮のスムーズな実現は「本領」の目覚めにかかっている。

と。では、なぜそういえるのでしょうか？

ＡＩ時代がもたらす「ゼロ化のブレイクスルー」

いま、目覚めという言葉を使いましたが、「悟り」は英語に訳すとawakening（目覚めること）になります。

一方、「無常」は英語に直せばimpermanence（永続しないこと）です。

仏教の研究者の間では、「仏教関係の用語は英語から入るとわかりやすい」としばしばい

われます。

これは、翻訳という作業が用語にこびりついた垢《あか》にとらわれずにロジックだけをとりだすからでしょう（したがって、逆に、英語圏の人々には、英語の「和訳」に意表をつかれる発見があるかもしれません）。

本書の第二部で、「諸行無常」の「諸」は「あらゆる」をさし、「あらゆるものは無常である」ことを意味すると書きました。

ためしにいまこの「諸行無常」を英語の辞典でひくと、

Everything constantly changes.（**すべては絶え間なく変化する**）

とでてきます。本書の第三部の考察の出発点はこの **constantly**（**絶え間なく**）**の今日的な特性**に着目するところに始まります。

すでに見たように、ドッグイヤーの季節のキーワードは**古典的な意味での加速**でした。

では、マウスイヤーの季節のキーワードはなんでしょうか？

結論からいえば、それは、加速の二十一世紀的な進化における、

「時間と空間のゼロ化」

べつの表現を用いるならば、

「ゼロ化のブレイクスルー」

にもとめられます。そしてこれが**日本人が自覚なき「無常先進国民」としてのたぐいまれな真価を発揮するための舞台**を提供することになります。

日本の近未来に関する予言

なんだか聞き慣れない言葉を二つも書き並べてしまい、とまどわれた方もおられるかもしれません。

ただ、マウスイヤーを論じるにあたってこの二つを外すわけにはゆきません。

さきほど一九二〇年代に放たれた芥川龍之介の警句の言葉が、百年近くの時をへてどこまで有効な射程をもつかと記しました。

芥川の警句は、すでに始まっていた日本の近代社会《モダンソサエティ》の**近未来に関する予言**という形でなされたものでした。

この日本の近代文学のチャンピオン、天才作家は、「いろは歌」のなかに、それがたずさえていた、

「平安モダン」

という、**自覚なき「時代の先取り」**の歴史的な性格を見抜くことで、予言の的を見事に射抜くことができました。


では、その射程の伸長ははたして可能でしょうか？　また、かりに可能だとすれば、それはどのような意味合いにおいて可能なのでしょうか？

じつは、わたしたちの歴史は、それについての回答をすでに出しているのです。

そう、

「時間と空間のゼロ化」

「ゼロ化のブレイクスルー」

ブレイクスルーとは、ここではテクノロジーの飛躍的な進化、とりわけパラダイムシフト（一時代を通じて支配的な理論的枠組の変化）をともなう劇的な進化を意味します。

なるほど、これらは、一見したところなじみのない言葉かもしれません。

だが、わたしたちの先人がくぐりぬけてきた**「無常」の変遷の歴史**をふりかえったいま、

この二つの「ゼロ」にまつわる語の意味をつかむのは見かけほどむずかしくはありません。なぜなら、つかみたければ、第五章でのべた「戦国モダン」の「無常」のイメージを想い起こすだけで充分だからです。

経営コンサルタントで『AI経営で会社は甦る』（文藝春秋）という著書がある冨山和彦さんは二十世紀後半以来のデジタル革命を受けてAIの経済が本格化したいまの時代を「乱世」と呼んでいます（「デジタル革命／乱世が来た」読売新聞二〇一八・一・二四朝刊）

わたしたちが数百年前にもった戦国乱世、それは、日本人が「**無常**」**がはらむ行動主義**の契機に目覚めることを通じて「**ポジティブな思考停止**」の生き方を手にした時代でした。

その時代のキーワードは、

「**電光**」

と

「**夢幻**」

の二つです。お好みならば、これにさらに、

「**虚**」

を付け足してもかまいません。

どういうことか？

「無常」の原理としての「ゼロ」

第五章の「ポジティブな『諸行無常』への転換」の節で、「諸行無常」のおしえは日本人が生きるうえでの「最強の宗教」だと書きました。

「無常」のおしえから引きだされるのは、

「とらわれるべきものなどどこにもない」

という考えです。

昔、一人の知恵深いお年寄りが若き映画監督の大島渚さんに送ったというアドバイス、

「神様かまうな、仏はほっとけ」の精神。

そこには「神様」も、いや「仏」すら本当はない。

では、なにがあるのか？

ただ一つ、「無常」だけはある。

いうまでもなく、**「無常」は観念**です。そして、一つの観念が何であるかを正確に理解するためには、「歴史」と「原理」の両面からアプローチすることが必要になります。念のた

めにいえば、ここでいう「原理」とは「無常」を「無常」たらしめているいわば**大文字の原理**を意味しています。

本書の第二部ではこのうち、歴史の側面から「無常」の観念についての考察をこころみました。

「無常」の観念はブッダの教え（仏教）のエッセンスとしてインドに生まれた。やがて中国大陸を経由して日本にもたらされ、わたしたちの風土に「無常感」として浸透した。それはわたしたちがそれと気づかず思考の枠組みの形で呼吸する文化になった――と、そこまでは第二部の第五章の叙述までおさえたところです。

「無常」の観念は日本人の西洋化された近代生活《モダンライフ》にまで流れこむことになりました。

さて、ここまでくれば残るのは「無常」の原理についてです。

では、あらためて問うことにしましょう。

「無常」を支える原理、「無常」を「無常」として成り立たせている大文字の原理とはなにか？

結論から記すならば、それは、

「ゼロ（ZERO）」

なのです。

「無常」は仏教の柱となる観念です。いうまでもなく、仏教はインド人の頭脳が地球上に送りだした宗教です。

インド人はこの「ゼロ」をかれらの言葉（サンスクリット語）で「シューニヤ」と呼び、中国人はこれをある言葉に訳した。

それが、

「空《くう》」

という言葉です。

「無常」と「ゼロ」との対応関係、これは考えてみれば納得のゆく話で、「ゼロ」とは「中味が空っぽである」ということです。「空っぽである」とは、なにかのものが「固定的で不変の実体を欠いている」という意味です。したがって、「ものがゼロである」とは、それを時間の側面からとらえれば、

「ものが瞬時と置かず移り変わってゆく」

ことを意味することになります。
そして、これを空間の側面からとらえれば、

「確固たるものはなにもない」

ということになる。

戦国乱世の歌謡が謳《うた》う「電光」「夢幻」、この二つは仏教のゼロ（「空」）のたとえにほかなりません。虚構をしめす「虚」についても同じことです。

「戦国モダン」は、ものが時間的にみても空間的にみても、「空」（ゼロ）であることを示すたとえとして、

電光（稲妻）
夢幻
虚（虚構）

の三つをそのつど使い分けたわけですね。

いまこそ求められる起業家のマインド

「戦国モダン」は乱世の文化がはぐくんだ精神です。

あらゆるものの**底が抜けてしまい**、あてにならなくなる時代。

逆にいえば「**何でもアリ**」があたりまえの日常になる時代。

だれにも「先行き」が不透明でわからなくなり、長期の見通しなど立てられなくなる時代。

『閑吟集《かんぎんしゅう》』はそんな時代を苦難にめげずしたたかに生き抜き、またそんな時代だからこそだれよりもはつらつと躍動した庶民たちの息づかいを伝えます。


そうした乱世の時代を駆け抜けた庶民たち、かれらの精神を表すぴったりの言葉を今日の日本語にさがすならば、

「**起業家のマインド**」

ではないでしょうか。


現代の代表的な起業家と聞いてまず名前が思い浮かぶのはＩＴ関連企業を興した米国人たちです。マイクロソフトのビル・ゲイツ、アップルのスティーブ・ジョブズ、フェイスブックのマーク・ザッカーバーグ等々。今日のＩＴ産業、ネット社会を盛りあげた名前がならびます。


一方、日本は本格的な起業家にとっては不毛な社会だといわれます。

だが、歴史をかえりみるとそれが真実ではないということがわかります。

たとえば、本田技研工業の本田宗一郎、ソニーの盛田昭夫、井深大の両氏など。この人たちはどこからみても立派な起業家です。また、台湾生まれですが、日清食品の「チキンラーメン」の開発者、安藤百福《ももふく》さんの名をつけ加えてもよいでしょう。

ただ、こうした世界的に通用する起業家たちを輩出したのは、日本の産業が壊滅し、瓦礫《がれき》の山と化した「ゼロ」の時期、**小さな乱世の時代**でした。

堀江貴文（ホリエモン）、「諸行無常」を語る

堀江貴文さんという起業家がいます。

ホリエモンのニックネームで知られ、学生時代にインターネット関連の会社をたちあげ、その後メディアをにぎわせる「波乱万丈」の人生を送ったあと、いまは日本初の民間ロケットの開発事業を手がけている方です。

ＴＶのワイドショーなどにもちょくちょく顔をだすので、ごぞんじの方も多いでしょう。

その堀江氏が著書のなかで、こんなことを語っています。


ときおり、「堀江さんの座右《ざゆう》の銘《めい》はなんですか？」と聞かれることがある。

もともと座右の銘など持っていないのだが、あまりに多く聞かれる質問なので、いつの

ころからか「諸行無常、ですよ」と答えることにしている。これは座右の銘でも仏教的な心構えでもなく、**世の中の真理**だ。

万物は流転する。すべては流れる川のように、ひととき として同じ姿をとどめない。たとえば鏡に映る昨日の自分と今日の自分は、どこにも違いがないように見える。しかし、5年10年と経てば大きな違いが出ているはずだ。それはどこかの段階で大きく変わったのではなく、日々刻刻と小さな変化を積み重ねた結果なのだ。昨日の自分といまの自分は、違っているのである。

諸行無常の原則は、組織やビジネス、さらには人間関係にも当てはまる。組織は動き、ビジネスは変化する。大小さまざまな出会いと別れが、人間関係を更新していく。**現状維持などありえない。僕は変わり、変わらざるをえない**。僕を取り囲む環境もまた、変わっていく。

なにを得ようと、なにを失おうと、未練など生まれるはずもないのだ」（太文字原文）

これは、堀江さんが自分の人生観をつづった『ゼロ』（ダイヤモンド社）という本のなかにでてくる文章です。

書名の『ゼロ』には、人間はだれもが「ゼロ」から始まる、失敗しても「ゼロ」に戻るだけだ、やり直せばよいではないかというメッセージがこめられているようです。

「諸行無常」という言葉と堀江さんがＴＶなどで発揮する「ヤンチャな」イメージとは一見相いれないようですが、そうでないことは、本書をこれまでお読みになった方には明らかでしょう。

堀江さんは「諸行無常」について仏教の心構えでなく「**世の中の真理だ**」と書いてますが、『閑吟集』の作者たちが仏教を陽気に笑い飛ばしながらも「諸行無常」の真理だけはしっかりと受け入れたことはすでに見た通りです。

堀江さんは現状維持の効用など信じず、またべつの著書『本音で生きる』（ＳＢ新書）では、いまの時代では長期の見通しをたてることをナンセンスだと否定しています（「時間を効率的に使うなら『今やる』ことだ。（中略）時間は有限だ。のんびり長期ビジョンを立てるなんて、まったく時間の無駄でしかない」）。

乱世は「何でもアリ」が普通になる時代だと書きました。が、それは熾烈な生き残り競争のなかでなによりも**勝機をつかむ行動力**が試される面白い時代でもあります。

堀江さんの『本音で生きる』には、

「バランスなんかとらなくていい」

「やりたいことがあるのなら、極端でいい」

「実現性など考えるな」
「プライドのないバカが一番強い」
等々「子どもの頃から本音を言いまくってきた」著者にふさわしい**乱世モードの言葉**が並びます。

また堀江さんは皇室にもまるで無関心なようで、その生き方は、時代の権威を笑いものにし、奔放《ほんぽう》な生き方を追求した**戦国時代の「バサラ」**に近いようです。

スティーブ・ジョブズもはまった「ＺＥＮ」

堀江さんはＩＴの分野で起業した方ですが、米国のＩＴ関係の起業家が多く集まる**シリコンバレー**は仏教ファンの経営者が多いことで知られています。

米国社会における仏教人口（隠れ仏教徒をふくめて）の顕著な増加をきっかけに、**global Buddhism（グローバル仏教）**などの呼び名のもとに仏教研究者の注目を浴びるようになった世界的な仏教の広まりも、大きなきっかけの一つを作ったのは、一九六〇年代の西海岸を中心としたヒッピー・ムーブメントを通じて盛りあがったヒンドゥー教や禅仏教などへの関心の高まりを引きついだ、メディアへの露出も多いシリコンバレーの著名人たちだったのですが、その代表格が、さきほどあげた米国アップル社の創業者だった**スティーブ・ジョブズ**さん（二〇一一年死去）。

十代の頃から禅（ＺＥＮ）の世界にはまり、米国の坐禅道場に足しげく通ったというジョブズさんは、曹洞宗《そうとうしゅう》の禅僧で米国で坐禅を指導していた鈴木俊隆《しゅんりゅう》師（一九〇五～七一）の『禅マインド ビギナーズマインド』を「バイブル」とし、やはり曹洞宗の禅僧でカリフォルニアで教えを広めていた乙川弘文《おとがわこうぶん》師（一九三八～二〇〇二）に師事しました。

一時は、禅（ＺＥＮ）の精神をきわめようと、福井県にある永平寺（曹洞宗の大本山）に行くことを乙川さんに相談するほどだったそうです（もっとも、ジョブズさんの奥様はかれとの結婚式まで司ってくれた乙川さんのことをなぜか毛嫌いして「悪魔」と呼んでいたようですが）。

では、スティーブ・ジョブズさんは、いったい禅のどこに魅力をおぼえたのでしょうか？

まえに「無常」の原理をとりあげたところで、その原理は、インド人が考えた、

「ゼロ」

であり、中国人はそれに

「空」

の漢字をあてたことについてふれました。

禅の世界観を支えるのは、この「空」の原理にほかなりません。

宗教とは、「世界とはなにか」について体系的な教えを人々にもたらすものです。そして、世界は「動き」（時間）と「かたち」（空間）の両面から把握することができる。

世界を「動き」からとらえたとき、「空」の原理は、

諸行無常（Everything constantly changes）

という真理を引き出します。

これに対し、世界を「かたち」からとらえたとき、「空」の原理がつかみだしたもの、それが、

「**一切は仮想現実《バーチャルリアリティ》である**」


というもう一つの真理でした。

仏教を熱心に輸入したことで知られる聖徳太子（厩戸皇子《うまやとのみこ》）の発言として知られるものに、

「**世間虚仮《こけ》**」

という言葉があります。仏教の用語の理解にしたがえばこの「世間」とは世界のこと、

「虚仮」とは『閑吟集』の小歌にある「虚」をさし、全体で、「世界はつかのま作られた虚構にすぎない」という意味になりますが、同じように戦国歌謡が偏愛した「電光」や「夢幻」もこの世界観にのっとり、時間やものの実体のなさを表すために使われたものでした。

禅の世界観といえば、それをよく伝えてくれるこんな和歌があります。

ひきよせて結べば柴《しば》の庵《いおり》にて
解《と》くればもとの野原なりけり

あらゆるものはすべてつかのま結ばれた庵《いおり》のようなもの。あるように見えて、解いた瞬間に消えてなくなる実体のないものにすぎない

というわけですね。

社会学者で世界の宗教思想にくわしかった故小室直樹さん（一九三二〜二〇一〇）は著書の『日本人のための宗教原論』（徳間書店）のなかで、「この歌は明快に『空』（の世界観）を説明している」とのべています。

「空」の原理から見た世界は仮想の「**空の庵**」、**ゼロの構築物**にすぎなくなる――この歌は禅の世界では知られたものですので、ひょっとしたらスティーブ・ジョブズさんもおそわっていたかもしれませんね。

時間も空間も「ゼロ」という思想

仮想現実《バーチャルリアリティ》という言葉も、最近ではvirtual realityの頭文字をとって、
ＶＲ
と略語で使われるのが普通になりましたが、仮想現実とはもともと、
「**人工的に作られた現実**」
つまり、虚構《フィクション》としての現実という意味です。これは文字通りＶＲ技術の進化とともに急速に広まることになった言葉で、最先端テクノロジーと仏教の世界観とのシンクロナイゼーション、共鳴現象をあつかう本書ではとりあげざるを得ないテーマです。

仏教には昔から、

「**世界は人間の意識の産物である**」

という考え方があります。もっとひらたくいえば、「わたしたちが目で見るものはすべて心の反映したものにすぎない」という考え方です。

たとえば、『十地経《じゅうじきょう》』という「空」思想をのべた経典には、

「三界《さんがい》は虚妄《こもう》にしてただ是《こ》れ心の作なり」

という言葉がでてきます。「三界」とは現象世界をさす仏教の用語です（「三界に家なし」、つまり自分には安住の場所がどこにもない、などと使います）。

また、『大乗《だいじょう》二十頌《じゅ》論』という経典には、

「これらは一切ただ心のみ、幻の相のごとく生じる」

という言葉が登場します。

ほかの言い方をすれば、仏教（の「空」思想）は「現実」と「仮想現実」の区別を認めない。

どちらも「空」（ゼロ）であり、わたしたちが日頃よく口にする「現実」なるものは、

「**現実という名の仮想現実**」

にすぎないことになります。

仏教的な世界観によれば、時間も空間も「ゼロ」です。

時間と空間は「ゼロ」において一致するがゆえに互いに独立するものではなく、

時空

としてのみとらえることができる。

これは仏教の世界観が提示する真理であり、大昔から変わりようがない。

ただ、いまはＩＴやＶＲの**テクノロジーの進化**、**ブレイクスルー**のおかげで、昔はお坊さんが修行によってやっと見えたその聖なる真理がだれの目にも見えるようになった。

これは、広い意味での、

「宗教的真理の大衆化」

ということですが、このように本章の冒頭に並べた二つの言葉、

「時間と空間のゼロ化」

や

「ゼロ化のブレイクスルー」についても、発想自体は、仏教ではとうの昔から馴染《なじ》まれてき

た代物《しろもの》にすぎません。

第七章●仏教的世界観に近いシンギュラリティ仮説

シンギュラリティとはなにか

近年、先端テクノロジーの世界で話題をさらった米国発の言葉の一つに、**「シンギュラリティ」**（singularity）があります。技術的特異点と訳されていますが、もともとはハンガリー出身の科学者でコンピューター理論の生みの親であるジョン・フォン・ノイマンが提唱した概念です。それを米国の著名な発明家レイ・カーツワイル博士がその著書『シンギュラリティは近い』（邦訳書名『ポストヒューマン誕生』ＮＨＫ出版）のなかで広めて以来、すっかり世界的に知られる言葉になりました。

シンギュラリティとはＡＩ（人工知能）に関する用語で、一言でいえば、

「ＡＩが全人類の知性を超える技術的な地点」

を意味する言葉です。カーツワイルさんの計算によるとこの画期的な地点が二〇四五年頃にやってくるという。それを可能にするのがコンピューターの計算速度の飛躍的な加速と「ＧＮＲ革命」で、このＧは遺伝子工学（Genetics）、Ｎはナノテクノロジー（Nanotechnology）、Ｒはロボット工学（Robotics）をさしています。

カーツワイルさんは二〇三〇年代の後半にはナノロボットを用いて人間の脳をスキャンし、そこで得たデータをもとに脳をコンピューターに再現する「**マインド・アップローディング**」の技術が実現するとのべています。

簡単にいえば、一人の人間の脳にインプットされていた記憶からものの考え方、人格のすべてまでがまるごとコンピューターに「移植」されるわけで、文字通りの、「**もう一人の自分**」が誕生することになります。要するに、人間は肉体のもつ生物学的な限界をこえて「抽象

的な」情報としてコンピューターのなかに生きつづけることになるというわけです。

指数関数的な加速の時代へ

カーツワイルさんが日本の読者に本格的に紹介されたのは前出の『シンギュラリティは近い』の邦訳本がでたときですが、当初は、どうひいき目にみても、**マッド・サイエンティスト**あつかいでした。

米国では発明家として多くの業績をあげ、歴代の大統領から賞を贈られるなどリスペクトされている人物だといっても、眉にツバをつけて聞く人が多かった（もっとも、ヨーロッパでも事情は日本と似たようなものだったようですが）。

その後、日本国内で風向きが変わったのは二〇一六年頃だったでしょうか。この年──あとでのべるように日本の「VR元年」とされた年ですが──西垣通さんの『ビッグデータと人工知能』（中公新書）や井上智洋さんの『人工知能と経済の未来』（文春新書）などIT社会、ロボット化社会の未来を論じる良書が話題になり、そのなかでカーツワイルさんの主張がとりあげられたため、シンギュラリティの名は先端テクノロジーの分野にあまり関心がなかった人々の間でも広く知られることになりました。

二〇一七年に入ってからは、五月にグーグルがディープラーニングをもとに開発した囲碁のＡＩ「アルファ碁」(Alpha Go)が世界最強とされる中国人の棋士を打ち負かすという「わかりやすい」ニュースなどもあり、経済の分野ではそれまでＡＩの利用に慎重だった米国のヘッジファンドが投資銘柄の選定にＡＩを使って利益をあげたり、ソフトバンクが米ＩＢＭ社のＡＩプラットフォーム「ワトソン」を新卒社員の採用に導入し、採用のエントリーシートの評価の公平化、高速化の方針をうちだしたことがニュースになったこともあって、シンギュラリティの注目度はビジネスマンの間でもあがる一方になっています。

シンギュラリティとは、マウスイヤーの次元に突入したテクノロジーの超加速(「加速の加速」)の結果、ＡＩが人間の知性を追い越してしまう地点のことです。

カーツワイルさんは、この超加速の威力を表すのに、

「指数関数的な拡大」

という言葉を好んで用いています。むずかしい用語ですが、簡単にいえばねずみ算型の倍増を定式化したもので、量を倍加させつつ拡大してゆくという意味だと理解しておけばよい

でしょう。マウスイヤーが倍々ゲームをはるかに上回る速さで急激に加速するイメージで見ればよいかもしれません。

シンギュラリティと「空」思想の理論的接点

カーツワイルさんはＡＩが人間の知性を抜き去る時が近々やってくるという。それはいいとして——いや、なかには全然よくないという方もおられるでしょうが——、では、そのときいったいなにがおきるというのか？

カーツワイルさんは前出の著書のなかでそれについてこんなことを語っています。

特異点とは……テクノロジーが急速に変化し、それにより甚大な影響がもたらされ、人間の生活が後戻りできないほどに変容してしまうような、来るべき未来のことだ。（中略）われわれの生物としての思考と存在が、みずからの作りだしたテクノロジーと融合する臨界点であり、その世界は依然として人間的ではあっても生物としての基盤を超越している。特異点以後の世界では、人間と機械、物理的な現実とヴァーチャル・リアリティとの間には、区別が存在しない（井上健訳）

どうでしょうか？

まえに、禅の世界観を支えるのは「空」の原理であり、「空」思想では現実と仮想現実の区別は認めないと書きました。

それは、どちらもが「空」（ゼロ）であり、いわゆる現実は「**現実という名の仮想現実**」にほかならないからです。実際、**シンギュラリティの伝道師**、レイ・カーツワイル博士はどうやら禅に興味をおもちらしい。

さきにあげた著者『シンギュラリティは近い』のなかで、江戸時代の臨済宗のお坊さん、白隠《はくいん》（一六八五〜一七六八）の有名な、

「**隻手音声**《せきしゅおんじょう》」

という公案《こうあん》を紹介しています。

公案とはいわゆる禅問答でお坊さんが相手に投げかける問い、テーマのことです。「隻手音声」は「両手で柏手《かしわで》を打つと音がするが、片手で打つ柏手にどんな音を聞くか？」を問う公案です。

もちろん、そう聞かれたところで、よほどの天才でもないかぎりいきなり「正しい答え」などでるはずもありません（でるくらいなら、そもそも修行など必要はありません）。

要するに、これは「現実にはあり得ないこと」を考えさせ、常識的思考から相手を解き放つための一種の**ショック療法**、思考のトレーニングなのです。

発明家とは「現実にはあり得ない」と人々が考える事柄（シンギュラリティのように）を追求しつづけることに無上の生きがいをおぼえる人たちがえらぶ職業です。

そう考えると、カーツワイルさんのような人物が禅の世界観に関心をもったとしても、不思議ではない、関心をもつべくしてもったにすぎないと思えてきます。

世界はマーヤー（幻影）

仏教の「空」思想の世界観と最先端テクノロジーの加速の進化がもたらす世界観が似てくるというのは、興味をそそる話です。

シリコンバレーの起業家たちの多くが世代を問わず仏教に関心をもつというのも、理解できる話に思えます。

それはまたグローバル仏教の二十一世紀のさらなる**発展の基盤**ともなるわけですが、仏教の世界観といえば、それについて、カーツワイルさんは前出の著書『シンギュラリティは近い』のなかでこんなことを語っています。

一般的な仏教の存在論では、むしろ主観的——すなわち意識的な——経験こそが究極の真実だとされており、物理的または客観的な現象はマーヤー（幻影）だと考えられている。

マーヤーとはインドの言葉で、「空」の原語であるシューニャと同様に仏教の経典に頻繁に登場する言葉の一つです。

『閑吟集《かんぎんしゅう》』の歌の作者たちは世界は「夢幻」であると謳《うた》いました。

夢幻であるとは、心、すなわち**意識の作り出した実体のないもの**にすぎないという意味です。

一切が幻影であるならば、カーツワイルさんがいう、

「人間と機械の区別」

など消失してあたりまえだということになります。

シンギュラリティの名を有名にしたカーツワイルさんの著書『シンギュラリティは近い』の邦訳本には『ポストヒューマンの誕生』という思い切ったタイトルがつけられていました。

おそらくは邦訳本の編集担当者がつけたタイトルでしょうが、まさに「**シンギュラリティ**」**以後の世界**をあますところなく言い当てた表現です。

シンギュラリティとは、わたしたちが太古の昔以来疑うことなく抱いていた、

「人間であること」

の意味がついに終わるときだとされます。

それが本当にやってくるのか？　人間という生き物のもつ生命のメカニズムの複雑さを考えるとき、カーツワイルさんの見解はちょっと楽天的すぎやしまいかという気もします。

だが、もしカーツワイルさんの予言が当たったとしても、わたしたちが後生大事にかかえる「人間」なる存在自体がそもそも仮想現実なのだと考えるならば、とくに驚く必要もない事態だということになります。

そして、そういう人間観を、日本人はすでに五百年以上前、戦国乱世の時代に手にし、なじんできたわけです。

ポケモンＧＯのヒットを仏教から読み解くと

すでにふれた通り、二〇一六年は、西垣通さんや井上智洋さんの話題書による紹介の効果も手伝って、シンギュラリティの名が一挙に広まった年になりました。

が、この年、ＩＴに関連してもう一つ、大人から子供まで、シンギュラリティをある意味ではるかに上回るセンセーションをまきおこした事件があったのをおぼえておられるでしょうか？

そう、

「ポケモンGO」
です。日本のゲームメーカー任天堂が売り出したコンピューターゲームで、世界的な大ヒット商品になりました。

ポケモンGOが用いたのは、
AR
のテクノロジーです。　ARとは Augmented Reality の略称。
日本では、
「拡張現実」
と訳されていますが、そのメカニズム自体は、
（1）カメラが映し出す「現実」の映像をスマホの液晶画面に表示させる。
（2）そこへCG合成したキャラクター映像をかぶせる。
という比較的簡単なもの。このうち（1）はいわゆる現実、（2）は虚構の映像ですが、（1）と（2）が重なり合った結果、ユーザーは「現実世界」が「ポケモンワールド」になった不思議な感覚を楽しめることができました。

ARは現実世界に虚構をもちこむことで結果的に**現実と虚構の境界を蒸発**させるテクノロ

ジーの一種です。

ポケモンＧＯについて、ハリウッドの映画プロデューサーが、

「現実と夢を考え得るかぎり最もシンプルな方法で地続きにした」

と語ったそうです。

ただ、ＶＲやＡＲは、今後、ただでさえ希薄になりつつある「現実」と「仮想現実」の垣根を、あらゆる分野でかぎりなくゼロ化してゆくと思われます。

たとえば、いずれはＩｏＴとＶＲのテクノロジーの本格的な融合とともに、街角でポンと手を叩くと虚空にパネルやスピーカーが幻のように現われ、自動的に暗号化された声で飛行機や病院の予約をし、終わって手を叩くと消える、という冗談のような時代がやってくる。

そうなると、「ポケモンＧＯ」などはずいぶん単純な、大昔の「ハイテク」の遊びだったな、と思われることになるかもしれません。

３Ｄ（three dimensions）テクノロジーについて

また、この二〇一六年に同じくユーザーの「新感覚」体験を売り物とするテクノロジーの分野で目立ったのが
「**３Ｄテクノロジー**」

でした。

３Ｄとは、いうまでもなく三次元をさすthree dimensionsの略語。三次元空間の仮想の立体物をコンピューターなどのディスプレイに擬似的に表現する３Ｄコンピュータークラフィクスはその代表的な一つですが、この年に３Ｄを用いて突出的な人気を得たのが、十月にソニーが発表した、

「プレイステーションＶＲ」

でした。

ゲーム好きの方にはごぞんじのように、それまでの「プレイステーション４」を進化させたゴーグル型の端末で、ＶＲヘッドセットを装着すると、プレイヤーを３６０度囲む３Ｄ空間が出現、

「サメに襲われて心臓がとまりかけた」

という一部の煽りも「あるかも」と思わせる迫力で、「ＶＲヘッドマウントディスプレイをつけたままの一貫した操作がやりづらい」などの声はあるものの人気を呼びました。

また、「プレステ」にはさすがにかないませんでしたが、これに先立つ四月には米グーグルが仮想３Ｄ空間に立体的な絵を描けるＶＲペインティングソフトの、

「Tilt Brush」を発表。こちらは、コントローラーを手に空間に絵を描き、さらにそれを録画して、作成のプロセスを再体験できるという、わたしのような絵好きには興味津々《しんしん》のソフトになりました。

「プレイステーションVR」が出た同じ十月に東京の青山でこのソフトを用いたライブ制作が気鋭のアーティストたちによっておこなわれ、アートシーンの関係者の注目を浴びました。

初音ミクはなぜ日本で生まれたのか

それやこれやで二〇一六年は、VRテクノロジーに関心をもつ人々の間で、「VR元年」と呼ばれることになったのですが、よく考えてみれば、これらは3Dテクノロジーの進化のせいで目立ったというだけの話。

「VR文化の歴史」の実質にこだわれば、少なくとも日本における「VR元年」は——独断と偏見を怖れずにいえば——、いまから十一年前、

「初音ミクご生誕」

の二〇〇七年だったのではないでしょうか？

実際、この声優のキャラクター・ボイスを元に生まれたボーカルアンドロイド（VOCALOID）はその後、ニコニコ動画の投稿を通じてキャラクターを進化させつつインターネット空間で育てられた、

「バーチャル・アイドル」

として日本の**ＶＲＣ（仮想現実文化）を象徴する存在**に成長をとげることになりました。

仏教では現実はすべて仮想現実とみなされる、といままで本書で書いてきました。これはいいかえると、仏教は世界を初めから、

「グラフィックなもの」

としてとらえて平然としてきたということです。そう、「空」なるものがつかのま創出した、ホログラム・ワールド。

べつに「クールジャパン」の宣伝には興味はありませんし、グローバル仏教の時代に、

「**仏教王国 The kingdom of Buddhists**」

であるところの日本をことさらショーアップする意図はありませんが、こうして考えると初音ミクは日本が生むべくして生み、育てるべくして育てたアイコンだという気がしてなりません。

二〇二〇年の東京オリンピックの開会式、そのアトラクションでは、たとえばナマ身のタレントの皆さんにはご遠慮頂く。代わりに初音ミクさんをはじめVRのキャラクターたちのみをホログラフィックに歌って踊らせ、世界中から集まった「ナマ身の力」自慢のヒーローたちを唖然呆然とさせるのも「日本らしく」ていっそ面白いのではないかと思うのですが、どうでしょうか？

ビットコイン（bitcoin）の狂騒曲

二〇一七年は日本が世界に誇る仮想世界のアイコン、初音ミクさんの生誕十周年を祝う年になりました。

そして、この記念すべき年に同じ仮想の世界でブレイクしたものがもう一つありました。

そう、

「**ビットコイン**」（bitcoin）

です。あらためて説明するまでもなく、インターネット上の仮想通貨の一つで、二〇一七年は年初に1ビットコインあたり十万円程度だった価格がなんと十二月中旬には二百二十万円まで急騰した結果、「寝ている間に大富豪」、億単位の利益を手にする「億《おく》り人《びと》」も続出するなど、

「ゴールドラッシュ」

とも呼ばれる活況を呈しました。

もっとも、さすがにここまでくると米国の著名な投資家ウォーレン・バフェット氏ならずとも**バブルの狂騒**を疑いたくなるのが自然な話で、中央銀行の信用力の裏付けをもたないビットコインには新興通貨ならではの危うさがつきまとうのも事実（『プレジデント』二〇一八・四・二「バフェットがビットコインに投資しない理由」）。

実際、十二月中旬のピークののちは一転、二〇一八年二月には六〇万円台まで下落し乱高下をくりかえすなど、そのジェットコースター相場には、ビットコインなどもっていないわたしまでも、ハラハラドキドキさせられたほどでした。

仮想通貨は有望とはいえ、見方によっては、中央政府という公的な管理者の不在につけこんだ投機筋の思惑に左右される「空騒ぎ」の一年ともなったわけで、今後に教訓を残す結果になりましたが、じつは、この仮想通貨、仏教の研究者から見るとじつに面白い存在なので

すね。

それを説明するために、ここで簡単に「空」とは何かについておさらいをしておくと——。

仏教が説く「空」の原語はインドの、

「シューニヤ」

という言葉でした。

これはインド数学の「ゼロ」をさすもので、

「ものが『空』である」

と言えば、ものがゼロであること、つまり、

「ものが固定的で不変の実体を欠く」

をさして用いられることになります。

そして、この「空」は第六章でふれた通り、「無常」の原理であるわけですが、この「空」をインド人がどこから発想したかについては一つの面白い説があります。

「**『空』は貨幣から思いつかれたものである**」

という説で、宗教学者の保坂俊司さんが紹介しています（今のところ、学説としてはほぼ無視されているようですが）。

仮想通貨が体現する「空」の原理

しかし、本当の話、貨幣とは、考えれば考えるほど、フシギな存在というしかないものです。

そして、では、そのフシギさがいったいどこからきているか？　とあらためて考えてゆくと、

「実体性の徹底的なゼロ性」

という貨幣が本来的にもつ性格に行き当たる。この点は、貨幣の歴史をふりかえってみればよくわかります。

どういうことかというと、貨幣の貨幣たるゆえんは、その実物における、

「形式の無制約性」

というところにある。

とこれはカタい言葉で申し訳ありませんが、要は、どんな物でもその形として投入できるところにある。

たとえば、金・銀・銅などの金属でもよいし、石や貝殻でもよいし、紙でもよい。

つまり、貨幣の価値はどうみてもその形式そのものにはない。その価値は、「これは価値があるのだ」という**無根拠な断定、フィクション**（**虚構**）**の取り決め**が生んでいるという事実がわかってきます。

そしてこの貨幣の本来的な「仮想性」、これを明確に教えてくれるものこそ「ビットコイン」で話題沸騰した、**仮想通貨**（Virtual Currency）にほかなりません。米国では「**暗号通貨**（Cryptocurrency）」という呼び名の方が一般的なようですが、この発明者たちは、「**インターネット上に流れる情報**」を通貨（＝貨幣）とみなした。みなすことで、金・銀・紙といった貨幣の形式がもつ素材性をかぎりなくゼロ化した。したことにより、結果として、「実体性の徹底的な欠如」という貨幣なるものが当初からそなえた「**本質**」を徹底的に見せつけることになったというわけですね。

「空」を仏教英語辞典で引くと、void（真空）とか emptiness（空っぽ）が、対応する英語としてでてきます。

すでに見てきた通り、仏教徒は昔から「空」を表わすたとえとしてさまざまなものを用いてきました。

朝露、夢幻、水の泡、陽炎《かげろう》、電光。

これらの一部は『閑吟集』の小歌にも使われ、人生のはかなさを伝える恰好《かっこう》の小道具になったわけですが、「空」の本場のインドとなるともっとすごくて、経典には「空」の実体のなさを強調するために、

「去勢者の勃起」

とか、

「死者の性戯」

といったどぎつい表現が登場して、草食系が多い日本人はぎょっとさせられたりします。

とはいうものの、二十一世紀の今日においては、これらすらイメージ的にいささか牧歌的すぎる（?）印象はいなめません。

二〇一七年に『お金2・0』（幻冬舎）という二十一世紀型の資本主義下の新しい生き方を提唱する本を、ＩＴ起業家の佐藤航陽《かつあき》さんが書かれました。

最近、フィンテックという言葉をよく耳にします。finance と technologyを組み合わせた造

語で、「ITなどの新たなテクノロジーの進化によって金融の世界が破壊的に変化するトレンド」をさします。

佐藤さんによるとフィンテックには「すでに存在している金融の概念は崩さずに、ITを使ってその業務を限界まで効率化する」Fintech1.0と「近代に作られた金融の枠組み自体を無視して、全くのゼロベースから再構築する」Fintec2.0の二つのタイプがあり、ビットコインが属するのは後者。「既存の金融の知識が豊富な人ほど理解に苦しむ」という。

まさにマウスイヤーにふさわしい通貨というわけですが、仮想通貨を支える「ゼロ化」のトレンドをもつテクノロジー自体は——ビットコインの運命がどうなろうが——今後も進化しつづけることになります。

「ゼロ化」のテクノロジーといえば、二〇一八年一月には、NTTデータ社がそのテクノロジー「**ブロックチェーン**」を主に日本国内の製造業向けのビジネスとして展開することで米国のSkuchain社と合意したという興味深いニュースが飛びこんできました。

Skuchain社はシリコンバレーに本社をもつブロックチェーンの分野で世界的に注目を集める企業ですが、NTTデータ社はこれを「第四次産業革命がもたらす新しい情報活用時代に不可欠な技術」と位置づけ、二〇二〇年度末までに五十億円の売り上げを目指すとしています(NTTデータ「ニュースリリース」二〇一八・一・二四)。

仮想通貨はその**デジタル性**において、ブロックチェーンによって実効性をあたえられている通貨です（『INFORIUM』NTTデータ 二〇一七年冬号）。

いまのテクノロジー社会において「空」のたとえとして最もふさわしいもの、それこそは、「仮想通貨」ではないのか？　そう思えてなりません。

第八章 ● IoTネイティブ——「空《くう》」（ゼロ）の世代の登場について

IoT社会——人とモノとの境界の蒸発の現実化

IoTとはあらためていうまでもなく、**「Internet of Things」（モノのインターネット）**の略語です。第六章で紹介したIoTのコンセプトの提唱者である坂村健さんは、これについて、

「いつでもどこでもコンピューター」

というわかりやすい言葉で説明されています。IoT社会ではこのコンピューターがありとあらゆるモノに埋めこまれることになります。この「あらゆる性」をとらえて、坂村さんは、

「ユビキタス」（ubiquitous）という表現も使っています。ユビキタスとは、「神はいずこにもおわす」というラテン語からきた英語で、「どこにでもある」「偏在する」を意味する言葉。まさに「いつでもどこでもコンピューター」

にうってつけの語であるわけですが、ＩｏＴ社会ではこのコンピューターどうしが互いにインターネットでつながれ、瞬時のコミュニケーションをとりあうことになります。

坂村さんがこの「ユビキタス」の概念を世に問うたのは二〇〇七年のことでしたが、同じ年、日本のロボティクス（ロボット工学）の第一人者である國吉《くによし》康夫さんは、この「いつでもどこでもコンピューター」化のもたらす社会を、

「ユビキタスセルフの社会」

と名づけ、

「身の回りのあらゆるものが感じ、行動し、コミュニケーションし合う社会」

「モノとココロの世界の融合」

が実現する社会だと語りました（『サイエンス・イマジネーション』ＮＴＴ出版）

この『サイエンス・イマジネーション』という本は、この年に横浜で合同して開催された「世界ＳＦ大会」と「日本ＳＦ大会」におけるロボット工学者やＳＦ作家たちのシンポジゥ

ムをまとめたものですが、本の帯のキャッチには、

「ヒトとロボットの境界を超え、生命の未来へ翔ぶ」

とあって、カーツワイルさんの「人間と機械の融合」を思わせる主張になっています。街中のあらゆる壁や柱、またわたしたちが身につける靴、眼鏡、ボールペンなどすべてに超小型チップ、センサーが埋めこまれ、ネットワークでつながれてしまえば、人間とモノとの境界が意識のうえであいまいになってくるのは自然な話でしょう。

日本のヒューマノイド型ロボット文化と仏教

いま、ＳＦの話がでましたが、日本の戦後のロボット工学をリードした学者、エンジニアたちには、

「子供の頃見た手塚治虫の『鉄腕アトム』に憧れて、ロボット研究者の道にすすんだ」

という人が珍しくなかったそうです。

『鉄腕アトム』は日本の戦後のマンガ文化を隆盛に導いた記念碑的作品。

この時期のＳＦマンガとしてはほかにも横山光輝の『鉄人28号』とか石ノ森章太郎の『サ

イボーグ００９』とかその頃の子供たちを夢中にさせた名作が枚挙にいとまがありません。
日本ではマンガのＳＦとロボット研究がたがいに手をたずさえて発展してきたといっても、誇張ではないかもしれません。
それで思い出しましたが、日本のロボットエンジニアには、世界的に知られたある特色があるのをごぞんじでしょうか？
それは、かれらが、
「**ヒューマノイド型ロボット**」
すなわち、人型ロボットが大好きだということです。
つまり、生き物である人間に中味はもちろん姿形までかぎりなく近づけることに情熱を燃やし、コダワリをみせる人が多いということですが、以前ソニーのエンジニアが開発して話題になった犬型ロボットの「ＡＩＢＯ君」もまた、
人の姿形のコピー
↓
犬の姿形のコピー
とシフトしただけのヒューマノイド型ロボットの犬ヴァージョンだったといえるでしょう。

たとえば、福島原発のような事故がおきた原発の後始末が典型ですが、原子炉内部の「掃除」用のロボット。考えてみれば、これなどは「掃除」の機能を極大化したキャタピラ付きのパワーショベル型ロボットを追究すればすむ話。

「**なぜそこまでヒューマノイド型ロボットにこだわるのか？**」

と外国人のロボットエンジニアたちは首をひねったそうです。

人と無機物の区別を認めない「空《くう》」思想

日本の武士道の美学を説いた書物として有名なものに佐賀鍋島藩士だった山本常朝《やまもとじょうちょう》（一六五九〜一七一九）が著した（正確には口述筆記させた）『葉隠《はがくれ》』があります。

「武士道と云《い》うは死ぬことと見つけたり」といういささかファナティックな文句が登場することでも知られた本ですが、そのなかに人間について記すこんな一節がでてきます。

「貴となく、賤《せん》となく、老となく、少となく、悟りても死に、迷ふても死す。さても死ぬことかな。……何もかも益《やく》にたたず、夢のなかの戯れなり」

「何と能《よ》くからくった人形ではなきや。糸もつけてなきに、歩ひたり、飛んだり、はねたり、物までも云うは上手の細工なり」

日本は世界的にみても、

「からくり人形」

の技術を早くから発達させた歴史をもつ国です。からくり人形はもちろんヨーロッパにも中世からあり、広場に面した市役所の塔などにおかれてオルゴールで動く「オートマタ」が有名です。ただ、研究者によると、このヨーロッパ産のからくり人形が機械そのものの無機的な印象をあたえるのに対し、日本のからくり人形の特色は感情移入がしやすく作られている。見る者が人間的な親しみをもてる人形になっているという。このあたり、じつは仏教と関係しているのではないでしょうか？

たとえば、禅宗が重用する『維摩経《ゆいまぎょう》』という古い経典があります。「空《くう》」思想を情熱的に説く経典で、さきにあげた一休和尚の思想的なバックボーンになったことでも知られています。

そのなかに、

「人間、人間というが、しょせん「空」のからくり人形にすぎず、幻影にひとしい」

という一文がでてきます。

一休は有力な禅の宗派・臨済宗《りんざいしゅう》のお坊さんでしたが、同じ禅宗の曹洞宗《そうとうしゅう》を開いた道元禅師（一二〇〇〜五三）は、主著の『正法眼蔵《しょうぼうげんぞう》』のなかで、

「人間もガレキも『空』の境地においては区別がなくなる」

とくりかえしのべたりしています。

道元はそこで「空」に「虚空」という言葉をあてていますが、「真空」（void）

あるいは、

「空っぽ」（emptiness）

の二つが「空」を表わす言葉としてもよく使われることはまえにふれました。

また、曹洞宗の瑩山《けいざん》（一二六八？〜一三二五）という偉いお坊さん——道元の後を継いで曹洞宗を大宗派にする土台を築いた人ですが——は、「空」の次元においては、「壁や垣根が人間の言葉をのみこんで従い、木人石女《ぼくにんせきにょ》が人間に頭をさげる」

つまり、

「無機物と人間が『空』のなかでたがいにコミュニケーションし合う世界」が到来すると言っている！

この「**壁**」や「**垣根**」**とのコミュニケーション**という発想は、あらゆるものに埋めこまれたコンピューターがインターネットを通じて人間とコミュニケーションし合う、「IoT社会」を想起させますし、「木人石女」（木や石でできた人間）に至っては人型ロボットそのものです。

もちろん、これらはすべて、道元や瑩山が坐禅の瞑想のなかで達した「空」の世界の「神秘体験」を文字にしたものなのですが、少なくとも、日本では「人間は世界の創造主である神様が自分の姿に似せて作りあげた被造物である」というキリスト教の世界にくらべて、人型のロボットに対する抵抗感が薄かったことはたしかでしょう。

二〇一八年の初めにテクノロジー文化が人間社会にもたらす影響について研究する落合陽一さんが『日本再興戦略』（幻冬舎）という本を書かれました。

日本を「希望の国」にするグランドデザインのためのヴィジョンを東西の歴史、政治、教育、働き方など幅広い分野から検討し、提示した興味深い書物ですが、そのなかにこんな一節がでてきます。

今後、日本が機械化を進めていく上で有利なのは、日本人がテクノロジーを好きであるということです。マスメディアの発信によってロボットやテクノロジーについての認知が広がった日本人にとって、テクノロジーというのはカラクリのようなものです。それは人の技能の最大到達点であって、それをすごく崇《あが》めたいという思いがあります。だからこそ、日本はテクノロジーベースの社会、ロボットフレンドリーな社会に変えやすいのです。

一方、僕の印象として、西洋人は人型ロボットに限らず、ロボットがあまり好きではありません。西洋人にとって労働は神聖なもので、それをロボットに任せることに抵抗があるのです。ＡＩについても似たことがいえます。西洋の一神教支配の国にとっては、ＡＩは人類の根幹、彼らの精神の支柱に関わるようなものになります。西欧の国は統治者に人格性を強く求めるので、ＡＩに対する反発は強いでしょう。

それに対して、日本人は意思決定の上流がＡＩになっても、違和感もなく受け入れるはずです。

落合さんは日本文化と機械化との相性のよさについて「日本は機械親和性が高い」という言葉で表現しています。

これはロボットではありませんが、機械親和性といえば、二〇一八年二月に日本の民間団体である「超人スポーツ協会」（Superhuman Sports Society）が東京の渋谷で開催した「**超人スポーツゲームズ**」の大会が話題を集めました。

二〇一六年の第一回に続く二回目の大会でしたが、これは人間の身体能力を強化するウェアラブル・デバイス、義体化技術を搭載した参加者たちがスポーツゲームを通して「超人」としての進化のステージを競い合うもので、同協会の言葉にしたがえば、「**人機一体の新たなスポーツの創造**」――

二十一世紀的なスポーツのわくわく感、華やぎにみちたパフォーマンスをみせつけるイベントとなり、「**スポーツとテクノロジー、文化の融合**」（同協会）がここ日本において実現した「必然性」をうなずかせるものになったのは記憶に新しいところです。

ここでもう一度福島原発の事故の話にもどりますが、その頃ヨーロッパにおもむいて現場のロボット研究者と交流した日本のヒューマノイド型ロボット（人型ロボット）の研究者の高西淳夫さんはこんな体験談を語っています。

……講演などのためドイツやオランダに行きましたが、先方から「技術の話は半分くらいにして、残りの半分は日本だけなぜこんなに人型ロボットが多いのかについて話してくれ」と言われました。やはり向こうでは、「人を創るといった神と同じ行為をやってはいけない」というキリスト教の影響が根底にあり、人的な形をした自動機械に対して、まだ根底的に抵抗感があるなと思いました（nippon.com/2012.5.10）

もっとも、その後米国のボストンダイナミクス社がヒューマノイド型ロボット「アトラス」を発表し、「**バク宙**」を披露させるビデオが話題を集めるなど、この分野での競争が世界的に激化していることはヒューマノイドに関心をもつ人々の間では周知の事実です。日本のヒューマノイド文化を仏教思想と関連づけて考察した議論はいまのところ見当たりません。

が、いまあげたような「人と無機物の無差別」的教えを説く仏教の本がありがたがられてきたことを考えると、

「日本人のヒューマノイド好き」

これは決して偶然生まれたものではない。仏教的な発想によるものではないかと思えてなりません。

インド化する世界！
『プロジェクト・ゼロ』発足のニュース

仏教哲学の「空」という概念は、

「シューニャ」

という「ゼロ」を意味するインド語を中国人が漢字に直したものであることは、まえにも紹介した通りです。

この「空」は仏教思想の輸入を通じて日本にも流れこみ、仏教はもとより美術から建築にいたるまで日本文化を語るうえでなくてはならない概念になりました。

建築家の磯崎新《あらた》さんは著書『見立ての手法／日本的空間の読解』（鹿島出版会）のなかで、日本の伝統的な建築や美術にみられる日本人の空間認識についてふれ、ヨーロッパの建築、美術との比較のうえで、

「時間を介してのみ空間はとらえられ」

「空間を時間と分離せず、常に相貫させる思考」

があたりまえのように支配している。

そこでは、

「時間と空間が混り合い〈時＝空間〉として認識されている」

という特色を指摘しています。

しかし、これは日本文化の特徴というより、より正確にいえば仏教的なものの見方の特徴

と思えます。仏教の世界観では時間と空間はつねに「時空」ととらえられることはまえにのべた通りです。

前出の瑩山禅師に禅の真髄をのべた『信心銘《しんじんめい》』という中国の経典の注釈書『信心銘拈提《ねんてい》』がありますが、かれがそのなかで、

時間と空間は「空」（**ゼロ**）**において一致する**

とのべていることは禅の研究者の間でよく知られています。

よく指摘されるように、数字の「ゼロ」はインドで発明されました。「ゼロ」はその後中東を通してヨーロッパ社会にもたらされますが、インドの人々はそのことを大変誇りにしてきました。それに関連して、二〇一七年の三月中旬に米国の「ワシントン・ポスト」紙に大変面白い記事がのっていることを発見しました。

「多くのインド人にとって、ゼロは多くのものを意味する」（To many people in India, zero means a lot）

というタイトルで、ラマ・ラクシュミという人が書いた記事です（興味のある方は、rama.lakshmi@washpost.comで記事をご検索ください）

インドにおける「ゼロ」の歴史は古いもので、記録に残るかぎり五世紀にはインドの数学

者たちは十進法ベースで「ゼロ」を使っていたことが研究者により確認されています。
そして――わたしもこの記事で初めて知ったのですが――ラマ・ラクシュミさんによると、インドにはインド発の「ゼロ」の歴史上の起源を探るために組織された、

『プロジェクト・ゼロ』


という学者による国際的な研究チームまで存在するという。

そのメンバーの一人であるオランダ人の学者は、インドでは数学者が「ゼロ」を使い始める以前からヒンドゥー教や仏教哲学で「空っぽ」や「真空」の概念が用いられてきたことをふまえて、つぎのようにのべているそうです。

「われわれは、『ゼロ性』や『空性』（空であること）といった文化的概念をずいぶん昔のインドの哲学、芸術、建築において見出している。われわれはそれらをさかのぼることにより、そうした哲学と数学を歴史的につなぐもの（bridges）を探したい」

ラクシュミさんによると、『プロジェクト・ゼロ』のメンバーは同じ年の四月にニューデリーで、

「キャンプ・ゼロ」

と銘打った三日間のブレイン・ストーミングを開催し、そこでは数学者や哲学者のほか、宇宙物理学者、考古学者、貨幣学者など幅広い分野の参加者が歴史的な文献、石板、印章などを調査したのだという。

ラクシュミさんは、「古代インドで知識は口承（オーラル）を通じて伝えられたので、ゼロの起源をつきとめるのはむずかしい」としつつ、「インド数学のアルゴリズム（特定の問題を解くための計算手法）が文献上紀元前一世紀にはすでに存在していた」との説を紹介しています。

「ゼロ」というのは古くて新しい概念です。

「ゼロ」はある意味で二十一世紀に入った人類が見出しつつある、

「未来の神」

だといってもよいかもしれません。

「経済的グローバル化」の信奉者は、よく「グローバル化」について、「後戻りできない」という言葉を用いますが、この形容詞が最もよくあてはまるのは、「ゼロ」がいたるところに遍満《へんまん》する、「ゼロ」のユビキタス化の社会、あるいは、

「ゼロの汎神論《はんしんろん》の支配」

についてではないでしょうか（これについては、本章の「VRの進化が『ゼロの汎神論』の世界を招く」以下の節でくわしく後述）。

実際、「**ゼロ化**」**のプレッシャー**は、いずれは、今日最も頑固で狂信的とされるイスラム原理主義者の「底」を抜くでしょう。

いや、本当は、世俗的な不満を宗教上のイデオロギーを利用することで解消をはかるという頽廃《たいはい》、自己欺瞞《ぎまん》の深化という形で、かれら自身の気づかない間にすでに抜きつつあるのかもしれない。

イスラム原理主義は、テクノロジーがもたらす地球規模の「ゼロ」化のプレッシャーに対する最後の悪あがきなのでは、とそんな気さえしてきます。

インドがこの先、国際社会で政治的・経済的な覇権を握ることは想像しにくいところですが、その「哲学」の世界制覇の方はどうか？　それはもう起きつつある気がしてなりません。

とするならば、インドの『プロジェクト・ゼロ』が最もカネと時間を費やすべきは「ゼロ」の歴史の追求ではなくて未来の世界に向けての「**汎神論のヴィジョン**」の方かもしれません。

西洋では異端の数字だった「ゼロ」

インドで生まれた「ゼロ」は仏教でシューニヤと呼ばれ、世界のありようを示す神聖な数字になりました。

が、こうした「ゼロ」のイメージはあくまでインドのもので、世界のどの文化圏でも共通とはいかなかったようです。

これについて、チャールズ・サイファという米国のサイエンスライターが『異端の数字ゼロ』（早川書房）という東西における**ゼロのイメージの歴史**をたどった本を書いています。

サイファさんは、そのなかで、

「インドには無限なるものや無への恐れはなかった。インド人は無限と無を受け入れた。

（中略）無と夢幻を積極的に探る社会だったインドは、こうしてゼロを受け入れた」（林大訳）

とのべ、インド社会とは対照的に「**西洋世界は無を恐れた**」と東洋と西洋における「ゼロ」に対する扱い方の違いを記しています。

インド人はこうした無や無限への怖れを欠くという歴史的な背景から「ゼロに力を与えた」ばかりか、そのことがインドに生まれた仏教における「ゼロ」（「空」）に、

「**聖なる真理**」

としてのイメージを付与さえしたわけですが、一方、西洋世界で「ゼロ」は、「無」への恐怖ゆえに、

「**不吉な数字**」

のイメージをもって語られるものになった。

インドの「ゼロ」は当時西洋にとって先進地域だったアラブ世界経由でヨーロッパの古代

社会に流れこみますが、

「ゼロは新しい教えの象徴だった。アリストテレスを斥《しりぞ》け、無と無限を受け入れる考えの象徴だった。イスラムが拡がるにつれて、ゼロはイスラム教徒が支配する世界全体に浸透し、いたるところでアリストテレスの教義と衝突した」

とサイファさんは指摘しています。

西洋はその後、ローマ帝国へのキリスト教の浸透をきっかけにキリスト教が支配する地域になるわけですが、キリスト教はそもそも「**はじめに言葉があった。言葉は神とともにあった。言葉は神だった**」という聖書の教えを説く宗教です。

世界の真理に「無」的なものを見いだそうとする発想は恐怖の対象にすらなるもので、「ゼロ」はここでもいいようもなく**悪魔的なイメージ**をもたれてしまう。それやこれやで、西洋世界がようやく「ゼロ」をまともに受け入れたのは十三世紀（日本の鎌倉時代）になってからのこと。それも貿易の必要からアラビア数字の使用が始まったのがきっかけでした。

しかも、それでもなお、「ゼロ」への猜疑心《さいぎしん》はつづき、

「ゼロと無限は、十六世紀と十七世紀に繰り広げられた哲学上の戦争のまさに中心にあった」

と著者は語っています。

結局その後におきた「科学革命」のなかで「ゼロ」は西洋世界に居場所をあたえられ、市民権を得てゆくのですが、十六世紀といえば、フランシスコ・ザビエルなどイエズス会の宣教師たちがアジアをおとずれ、戦国乱世真っただ中の日本に神の教えを根づかせようと躍起になっていた時期です。

かれらがローマ法王に送った活動報告書によると、ザビエルたちは、

「霊魂の不滅を認めず、人間は死ねば無に帰すると説く忌《い》まわしい坊主たち」

と行く先々で出会ったらしい。これはいうまでもなく禅僧たちのことをさしているわけですが、宣教師たちは報告書のなかで、これらの禅のお坊さんについて、

「人々の心を言葉巧みにたぶらかす悪魔の手先」

と手厳しくののしっています。

ずいぶんな物言いですが、室町時代の禅僧の一休のバックボーンに「空」思想があることはまえにみた通りです。宣教師たちは禅僧が精緻な議論をくりだせばくりだすほど薄気味悪く思ったようですが、これも「ゼロ」「無」をめぐる**宗教文化上の受け取り方の違い**からくるものだと考えれば、避けられない成り行きだったのかもしれません。

ＶＲの進化が「ゼロの汎神論」の世界を招く

いま名をあげた一休は臨済宗《りんざいしゅう》の禅師でした。

臨済宗は、中国の唐の時代に多くの弟子を育てた臨済義玄《ぎげん》というお坊さんが基礎をつくった宗派です。

義玄は、

「仏に逢えば仏を殺し、
親に逢えば親を殺す」

という例の刺激的な物言いで「一切のとらわれからの解放」という仏教の「空」思想にもとづく理想の境地を説きました。

ここでとりあげたいのは、やはり唐の時代に活躍した、
法蔵《ほうぞう》（六四三～七一二）

というお坊さんの話です。

一般にはあまりなじみのない人ですが、仏教の研究者の間では名前を知らない者はいない有名人です。

かれはのちに南都《なんと》六宗《ろくしゅう》――京都（北都）に対し奈良を拠点とした六つの代表的な宗派――

の一つに数えられる華厳宗《けごんしゅう》（東大寺がこの宗派です）の中国における第三祖として、中国史上最強の女帝として名高い則天武后《そくてんぶこう》に仕えていました。

ある日、法蔵は則天武后に呼ばれ、仏教に関する一つの問いを投げかけられました。

それは、

「**仏教の縁起《えんぎ》の世界観とはなにか？**」

というこの独裁者がかねてより関心をいだいていた事柄に関する問いでした。

以下は、それを受けて法蔵が演じてみせたパフォーマンスにまつわる逸話です。

則天武后の言葉を聞くや、法蔵は「いまから答えをおみせしますので、少々お待ちを」とことわると、弟子を集め十枚の大きな鏡をもってこさせました。

かれは、則天武后の目の前で、鏡を上下左右に組み立てさせ、四角の空間をつくりあげます。

それが終わると、法蔵はあらためてその空間の内部に小さな像を置くように弟子に命じた。像の位置をたしかめおわると、自身で燈火《とうか》をかざし、鏡の空間内部を照らし出した。

すると、そこには像の映像が目にもまぶしく無限反射してゆく不思議な世界が出現した。

法蔵はやおら則天武后に向き直ると、

「これが仏教の縁起の世界の絵解きです」

と説明し、女帝を感嘆させた……。

このとき法蔵が説いたのは、

「相即相入《そうそくそうにゅう》」の教え

と呼ばれるもので、華厳の哲学のみならず、仏教の「**空**」**思想の世界観の核心にあるヴィジョン**で、法蔵の「プレゼン伝説」は華厳教学よりむしろ禅を通じて広まることになりました。

「空」が仏教世界で「真空」や「空っぽ」というイメージで語られてきたことは本書でも何度かふれました。

日本の書店の仏教書のコーナーで最も人気が高いとされる経典に『般若心経《はんにゃしんぎょう》』があります。日本の多くの宗派で昔から読まれる代表的な経典の一つで、わたしも『謎解き般若心経』という解説書を書いたことがあります。

「**色即是空**《しきそくぜくう》」(ものは空である)

という有名な四文字熟語が登場するのもこの『般若心経』で、「空」思想を最もコンパクトに説いたものとしても知られています。

その『般若心経』で「色即是空」の少しあとに、

「**諸法空相**《しょほうくうそう》」

という四字熟語がでてきます。

これは、「色即是空」ほど有名ではありませんが、「空」思想がうちだす世界観を見るうえではきわめて重要な文句で、その意味は、

「万物は空（ゼロ）の特質をもつ」

ということです。

これは宗教学的にいうと、**「ゼロ」のユビキタス化**、つまり万物に神としての「ゼロ」が宿る、

「ゼロの汎神論」

の世界です。法蔵は、こうした立場にもとづき、あらゆる「もの」が実体を欠いたまま――「ゼロ性」をたずさえたまま――無限に相互反射しつづける**万物照応**の仕組み、ゼロの汎神論のメカニズムをこのパフォーマンスで鮮やかに伝えてくれました。

ボーダーレス社会と「ゼロの汎神論」のメカニズム

「ゼロの汎神論」とはあらゆるものに「ゼロ」が宿る世界――。

ただ、これだけでは説明として不十分です。

なぜなら、世界は、

「かたち」

と、

「動き」

の両面からとらえられねばならないからです。

この「かたち」は「空間」、「動き」は「時間」にそれぞれ置き換えてもよいかもしれません。

では、「ゼロ」の汎神論の世界を「動き」の面からみるとどのように叙述できるか？

一言でいえば、それは、「もの」という「もの」が、

無限の「ゼロ化」(endless zeronization)

の圧力にさらされ、あるはずの境界を不断に失ってゆく世界になります。

それは文字通り、

「無限のボーダーレス化」

の世界です。

その結果何が起きるか？

そこでは、あらゆるものが、

「相互依存の関係のネットワーク」

にとってかわられることになります。

この「関係」を仏教の「空」思想は伝統的な言い方で、

「縁起《えんぎ》」

と名づけました。

そして、この世界を時間に焦点をおいて表すとき、万物照応は万物流転、すなわち、

「諸行無常」

の世界として立ち現れることになります。

唐の法蔵が説きたかった世界を「動き」の面からとらえた「縁起の世界」、それはまさしく「諸行無常」の世界の別名となるものでした。

仏教では「もの」を「もの」として成り立たせているその存在としての本質を「自性《じしょう》」という言葉で表します。

インドで「同一であること」をさす「スヴァバーヴァ」という語を中国人が訳して経典で使ったものです。これは別の表現でいえば「もの自体」、少しむずかしい言い方をすれば、「もの」に固定的で不変の実体を付与するところの、

自己同一性《セルフアイデンティティ》

と訳せる言葉です。仏教の「空」思想が、「ゼロ」の思想がくりかえし説いたのはそうした考えの幻想性についてでした。

「もの」という「もの」が実体を欠いた相互反射のなかに「自己同一性」を解体させるゼロの汎神論のメカニズム

仏教世界広しといえども、仏教の「ゼロの汎神論」がもたらす世界のイメージをこれほど

鮮やかに教えてくれる逸話（プレゼン伝説）はほかに見当たりません。

「空」思想が語る世界は「動き」の面からアプローチして初めて明確な表現を得ます。

その「動き」を表すために仏教が伝統的に用いた言葉が「縁起」にほかなりません。

「空」思想にいう「縁起」とはなにか？

すでに見た通り、「関係」のことです。

一方、IoT社会とはなにか？

ボーダーレスに相互依存し合う「関係のネットワーク」の世界のことです。

VRのリアリティの技術の進化による「**現実」感覚の変貌**はよく論じられるところです。が、その「変貌」の哲学を視覚的に、小学生にもわかる説明で教えてくれる人はなかなか見当たりません。

しかし、それは工夫次第では簡単、「鏡」を用いればよいのです。


いや、今日では、VRの技術を用いれば、実際の鏡をもちだす苦労さえいらないでしょう。

VRの空間に「鏡の小部屋」を作り出すだけでよい。

VRの時代の何であるかを語るのに文章は無力です。

VRの時代はVRの時代みずからをして語らしめよ。そして時代と寝る才気あふれる語り手たちは、ＶＲ体験の日々の蓄積を通じてわたしたちの間にすでに出現しているのかもしれません。

きたるべき「ゼロの汎神論」の世界、その「正体」は無数の人々がユーザーとして体験する**仮想の「鏡の小部屋」**が明かしてくれます。

ＩｏＴの世界に生まれ、それを空気のように呼吸して育つだろう**ＩｏＴネイティブの世代**。

それはＩｏＴのユーザー一人一人がそれと気づかず「小さな法蔵」を演じる新しい世界の住人たちなのかもしれません。

日本３・０と仏教――「空」の変動態の世界

「**日本3・0**」とは、日本のごく近い将来に予想される革命のことです。

ソーシャル経済ニュース「ニューズピックス」編集長の佐々木紀彦《のりひこ》さんが『日本３・０　２０２０年の人生戦略』（幻冬舎）という著書でそのコンセプトをまとめておられます。

土台となったのは、以前社会学者の竹内洋さんが提唱した「第三のガラガラポン革命」で、第一の明治維新、第二の敗戦に匹敵する革命が日本で始まろうとしているという見方。佐々木さんは二〇二〇年から二〇二五年までの間にこの革命が起きると考えています。

面白いのは、佐々木さんが「日本3・0」の変動を勝ち抜くために重要なのは、「〝テクノロジー〟と〝歴史〟を深く知り抜くことです」と著書のなかで強調していることです。

佐々木さんによると、この変動にむけてカギとなるのはAI、ロボット、IoT、ビッグデータによる**第四次産業革命**の諸分野だという。

わたしは、これまで仏教と、二十一世紀のいま爆発的に開花しつつある最新テクノロジーとの接点について論じてきました。

日本人のヒューマノイド、人型ロボット好きと仏教の「からくり人体」観との関わりも、そのなかでとりあげた話題でした。

さて、この「からくり人体」観で一つ思い出すのは、「空」思想を受け入れた日本仏教がひきおこした、

「非情成仏《ひじょうじょうぶつ》」革命

というとんでもない革命についてです。

「非情」といっても「無慈悲」のことではありません。

それはインド仏教以来の、

「有情《うじょう》」／「非情」


の二分法に関するもので、「有情」はインド語のサットヴァの訳。仏教英語辞典で引くと「All beings that have feeling」などとでてきますが、「心のはたらきをもつもの」を意味します。

一方、「非情」とは「心のはたらきをもたないもの」の意味で、これは石ころなどが典型です。

インド人は、人間と動物を「有情」にふくめ、植物と石ころなどの無機物を「非情」に分類した。

この分類区分はインド仏教が中国に伝わると曖昧になりますが、その曖昧さを取り払ってしまい、驚くべきことに、「区分の全面廃棄」に至ったのが日本仏教です。

要するに、ここでは人間も石ころも平等に、

「空」の変動態

として区別する必要がないものになった。

「空」（＝真如《しんにょ》という言葉も使います）は「ゼロ」という意味ですが、有機物の代表格である人間も無機物の石ころも「ゼロ性」において一致するという右の考え――これが「ゼロの汎神論」として日本仏教で普通に語られてきたことはすでに見た通りです。

ちなみに「成仏」というのは、ここでは人が仏教の真理、具体的には「空」の真理を体現している状態を意味します。

「もの」という「もの」はすべて「空」であるという考えをひねりだしたのは、もちろんインド仏教のお坊さんたちでした。ですが、それは実際には人間に焦点をおいたものでした。なぜなら、仏教の第一のモチーフは、「輪廻《りんね》」からの脱出にあったからです。仏教は「輪廻」への信仰という強烈な宗教的圧力釜をもつインドに生まれた「解放」の思想だったといってよいでしょう。そしてこの「解放」の論理を徹底的に押し進めたのが「空」思想でした。もし人間が「空」ならば、輪廻の主体となるものが消失する。すると自動的に輪廻自体もなくなる。輪廻からの自由を欲したインド人は、このように問題の前提を奪い去ることにより、問題自体を消去してしまったわけです。

が、幸か不幸か、中国人はこのインド人が言う「輪廻」なるものにリアリティを感じなかった。あそこの人々はとにかく人間が現世的に出来ていますから。ピンとこなかったわけですね。

その結果として、中国仏教では「空」の観念的な側面だけが注目を浴びることになり、「成仏」つまり「空」の真理を体現するのに「有情」／「非情」の区別は別段必要ないんじゃないかという見方がぼちぼち出始めた。

それをさらに進めて「ない」と言い切ってしまったのが日本仏教です。

コスモジャポニズムの時代の第四次産業革命

これが「非情成仏」（石ころも成仏する）の革命でしたが、それを推進したのは、平安時代の理論家肌のお坊さんたちでした。

万物にゼロが宿る「ゼロの汎神論」がＩｏＴやロボティクスの原理とフィットすることは、すでにふれてきた通りです。

このお坊さんたちの「空」の理論の果敢な追求ぶりをみると、かれらはそれを通じて、みずから意図せずに「日本３・０」のテクノロジーの指導原理を先取りしてしまったのでは、とそんな気さえしてくるほどです。

佐々木さんの『日本３・０』によると、第四次産業革命でテクノロジー面の柱となるのは

ＡＩ、ロボット、ＩoＴ、ビッグデータの四分野ですが、ＡＩについていえば、バブル経済がはじけた後の「失われた二十年」のなかで日本企業は人材育成の面で残念ながら大きく立ち遅れてしまった。

最近「名門企業はなぜＡＩ革命で負け組になるのか」という特集でこのＡＩ導入の遅れの問題をとりあげた『週刊ダイヤモンド』（二〇一八年二月一〇日号）の記事でも、かつてのアナログ時代の「成功体験の呪縛」から自由になれないことによる、「強い権力」、経営者のリーダーシップの不在が理由の一つとしてあげられていました。

佐々木さんも同じ問題意識から、「ムラの論理に侵された」この二十年の結果としての「日本３・０」にむけての企業内のリーダーシップの欠如を指摘しています。

ただ、一つ日本企業に追い風となるのは、高度なハードウェアが要求されるロボットの発達などにより、ＡＩも「単体」で勝負することがむずかしくなり始めているということ。

なぜならＡＩをオープンに公開する傾向が加速するなかでいずれＡＩの「コモディティ化」が予想されるからで、そうなると、

「**ハードウェア×ＡＩ×ネットワーク**」

という、

「**融合領域**」

こそがテクノロジー開発の**戦場の最前線**になってくる。

つまりIoTや産業用ロボットの出番となるわけで、日本の第四次産業革命で最もポテンシャルが高いのがこの二つの分野だという。

日本人は根っからの「多神教気質」の国民で、キリスト教のように唯一絶対神を仰ぐ「垂直型信仰」は苦手にできています。

「ゼロ」の神々が万物に宿りながらフラットに偏在するIoTの社会に、べつにそれを「革命」とも感じずにすんなり溶け込めるかもしれません。

つまり、気がついたら「革命」が成功していた可能性だってあるわけですが、佐々木さんはそうした日本を率いるリーダーにいま必要なのは、

「**コスモジャポニズム**」

の発想だといいます。

これはコスモポリタニズムとナショナリズムの融合をさす佐々木さんの造語だそうです。

仏教は本来コスモポリタンなものです。

仏教は「空の底抜け」を飼い馴らす技術としてきわめて洗練された世界観をもちます。そう考えると、佐々木さんの主張は、日本仏教、あるいはその感性が近未来の社会で見えない安定装置として機能し得る可能性を示唆してくれるものかもしれません。

ゲノム編集技術「クリスパー」と仏教

ここ数年、ゲノム編集の世界では、

「**クリスパー**」

のもたらす未来についての話題でもちきりのようです。

ゲノム編集とは**遺伝子工学の分野**で使われる用語で、医師や科学者がターゲットとする遺伝子を「**ワープロで文字を編集するように**」ピンポイントで削除したり書き換えたりすることができる技術です。

クリスパーはその最新進化形の技術で、『ゲノム編集とは何か』(講談社現代新書)を書かれた科学ジャーナリストの小林雅一さんによると、その最大の特色は簡便性、「高校生でも数週間で使えるようになる」と専門家が口をそろえるほどあつかいやすい技術だといいます。

こういう話を聞くと、ゲノム編集によりウサイン・ボルト級の運動能力をもつ子供、新垣結衣さんに酷似のルックスの子供、ノーベル賞学者並みの頭脳をもつ子供などを遺伝子操作で作る「**デザイナー・ベビー**」**の誕生**もがぜん現実味を帯びてくるようにみえます。

このあたり、小林さんはそうした「SF的事態は一朝一夕には起きないだろう」と書いていますが、はたしてどうでしょうか？

わたしが「デザイナー・ベビー」の名を知ったのはもう二十年も前、米国の生物学者リー・M・シルヴァー博士の『複製されるヒト』（翔泳社）という本を読んだときでした。

そのなかでシルヴァーさんは、遺伝子工学の発達により予想される「改良人間」の例として、動物の特殊能力をつかさどる遺伝子を埋めこむパターン、具体的には、

①コウモリの音波探知システムの遺伝子を移植され、暗闇でも「ものの所在を把握する」ことができるコウモリ人間

②鳥の磁気探知能力の遺伝子を移植された鳥人間

③ウナギの発電能力の遺伝子を移植されたウナギ人間

④ホタルの発光能力の遺伝子を移植されたホタル人間

などを紹介しており、当時わたしは読みながら、発電能力の獲得は電気代の節約のためかとかホタルのように尻を光らせて何が面白いのかと首をひねったものでした。

が、技術の進歩もここまでくると、冗談ではなくデザイナー・ベビーに類した、

「**超人類の世代**」

の誕生も意外に近いのではないか？

ＩｏＴネイティブ世代の人生戦略

実際、科学技術の進歩は「**ＳＦ的現実**」を予想外の速さで実現してきた歴史です。飛行機の発明で「鳥のように空を飛びたい」という夢をついにかなえた人類があっという間に人間を月に送りこんだのがわかりやすい例ですが、二十一世紀に入って技術進化の加速ぶりは実際に「マウスイヤー」と呼ばれるほどすさまじいものになっています。

それだけではありません。

これは成毛眞さんが『ＡＩ時代の人生戦略』（ＳＢ新書）のなかでふれていましたが、いまや飛躍的に進化しつつあるＶＲ（バーチャル・リアリティー）がもたらす人間をめぐる「**リアリティ」をめぐる環境変化**がある。

成毛さんはその変化について、本書でもとりあげた「プレステ」の実現した、「車酔いするほどリアルなゲーム」の個人的体験を材料に語っています。

そもそも、仏教の基礎にあるのは、

「人間という存在には初めからリアリティなどない」

という教えでした。

それを支えるのがインド人の開発した「空」（ゼロ）の思想ですが、そこでは、

「心」

「身体」

の二つ、つまり人間の**「心身」のリアリティ**が根こそぎ否定されてしまう。

仏教はこのうちの「心」を「感覚」、「表象」（イメージの形成）、「意志」それに「認識」の四つの精神作用に分類しました。そしてさらに「身体」を加えたものを「五蘊《ごうん》」と名づけました。

『般若心経』の冒頭近くにでくる「五蘊皆空《ごうんかいくう》」の「五蘊」がこれですが、仏教ではこの「五蘊」を「自己」ととらえますので、「心身」という言葉は「自己」という言葉で呼び換えてもかまいません。

「空」の思想を発達させたのは数ある経典類のなかでも「般若経典《はんにゃ》」のグループでしたが、そのトップバッターになった『八千頌般若経《はっせんじゅ》』には、こんなブッダと弟子のやりとりがでてきます（文中にあるスブーティは弟子の名です）。

ブッダは言った。

「たとえば、熟練した魔術師が交差点で多くの人間を魔法で作り出したとしよう。そして作り終えたあとその人間たちを消し去ったとする。どう思うか？　スブーティ、この場合、だれかがだれかを殺害したことになろうか？」

スブーティは答えた。

「いいえ、なりません、師よ」


どうでしょうか？

いうまでもなく、ここでの「殺害」はもののたとえ、要するにこれは人間の心身＝自己をめぐる「空」思想、われわれが当たり前だと思っている人間という存在の、

「**リアリティのはかなさ**」


を強調するために作られた強烈な問答でした。

ライフサイエンスの専門家の小林さんはＳＦ的事態は一朝一夕には起きないと言う。

が、問題はその「一朝一夕」の長さです。

SF的世界は実現するためにあります。

高校生がプリクラ並みの気楽さで「人間改良」をおこなう時代がきたとき、それを支えるのが、

「IoTネイティブ」

のニュー・ジェネレーションが新しい衣装のもとに呼吸する、

「ゼロの汎神論」の世界観

であり、人生戦略だったとしても必ずしも不思議ではない、とわたしには思えます。

第九章・ポストヒューマン時代の仏教

ポストヒューマンとグローバル仏教の親和性とは

いまやわたしたちは、「**ポストヒューマン**」**の時代**に生きています。時代はためらうことなくその方向に進み、さらなる加速をとげることをやめません。

「無常」は「空」を原理とする概念であり、「空」とは「ゼロ」を意味します。

あらゆるものは無常である。

「諸」とは「あらゆる」の意味。

すなわち、

「諸行無常」である。

こうした世界観を宗教とすることは、おそらく、日本人が「ポストヒューマン時代」を生ていることを意味するにちがいありません。

きぬくための**人類最強の精神的ソフト**を、世界のどの人々よりも早く居ながらにして手にしているのです。

そう、「思考の枠組み」はすでに文化の形で出来上がっているのです。すでにのべたように、ある一つの観念が文化になるとは、人がその観念によって表されたものを何も考えずに呼吸できるようになることです。「思考の枠組み」はたとえ寝そべっていてもまるでヒューマノイド型ロボットのように自動的《オートマティック》に作動する仕組みになっている。ただ、そこに自覚がともなえば、より効率的に、スムーズにすすむというだけの話です。

その意味で、日本人の未来は前途洋々。わたしたちはいまや「ゼロ」の国民、『維摩経《ゆいまぎょう》』にいう「**ゼロのからくり人形**」として、二十一世紀の「無常先進国民」にふさわしい**ロボティックな風格**さえ身につけつつあるといってよいかもしれません。

本書の第三部の冒頭で、十九世紀後半から二十世紀までのドッグイヤーの季節のキーワードが加速ならば、その後おとずれた二十一世紀のマウスイヤーの季節のキーワードは、

「加速の加速」

すなわち、

「加速の二十一世紀的進化」

であると書きました。わたしたちは、いままさにその移行期の只中に生きています。

シンギュラリティの予言者カーツワイル博士は、のべます。

「われわれは今移行期の初期の段階にある。（中略）この段階を過ぎるとすぐに、指数関数な側面は一気に爆発する。今世紀の半ばまでには、テクノロジーの成長率は急速に上昇し、ほとんど垂直の線に達するまでになるだろう」（前掲書）

コンピューターの情報処理速度の爆発的な加速は、「空の庵《いおり》」を結んで解く時間を無限にゼロへと近づけてゆきます。その体験の日常化は、出来上がった空間（「庵」）のもつ仮想現実としての「**本性**」をいやおうなくわたしたちに突きつけ、暴露するでしょう。IoTネイティブ世代の生きる世界とはそういうものです。シンギュラリティ到来の有無にかかわらず、カーツワイルさんの右の文章はそうした世界の誕生をむかえつつあるわたしたちのいる地点を説明しているといってよいでしょう。

「ポストヒューマン時代」をもたらしたのは、ITやAIなどコンピューター関連のテクノロジーの進化でした。

しかし、なかには、実現されようとしているAI社会の未来に深い危惧をいだく人々もいるようです。

その意味でわたしが最近最も興味をおぼえたのは、経済学者の佐伯啓思《けいし》さんが月刊誌

『Ｖｏｉｃｅ』の二〇一八年一月号に発表された「無常」をめぐる文章の一節でした。

佐伯さんは「ＡＩが進化すれば、人間に代わって無限に情報を供給、伝達する。（中略）不要な情報に人間が追い立てられる社会はわれわれをますます幸福から遠ざけます」と情報過剰社会の危険を訴えたうえで記します。

> 情報過剰社会は、自然との調和を重視する日本文化と馴染《なじ》まないでしょう。日本人は自然との調和や、自然のもつリズムのなかに自らの生き方を見出してきました。何かを過剰なまでに追い求めるよりも、欲望を抑え、足るを知り、いわば「引き算」の美学のようなものを大事にした。自然を抑制して自然と接したときに周囲との調和が生まれ、幸せを享受できる。しかもこの安楽もいつか消え去るという無常観や哀愁に根差した自然観が日本文化や日本人の感受性に受け継がれている。（中略）今日の情報過剰社会は、つねに新しい情報を発信し、消え去ることなく延々と蓄積していく。そこにははかなさや「もののあはれ」が介在する余地はありません。（中略）こうした日本文化の尊さがＩＴやＡＩ文化によって破壊されることを危惧してしまいます（「ＡＩに奪われる成長」）

さて、どうでしょうか？

まず前段の情報過剰社会が「何かを過剰に追い求める」傾向を刺激するという危惧につい

てですが、これはおそらく二十世紀、つまりドッグイヤーの時代までにあてはまる恐れでしょう。

日本文化の特色が「とらわれのなさ」にあることは本書でくりかえしのべてきました。少し前「**さとり世代**」という言葉が流行したように、いまの日本の若い世代は、情報のあしらい方をよく心得ています。いわば**情報の**「**はかなさ**」を知り、聞き流すのが上手い人々です。情報を過剰に追い求めてわけがわからなくなるのは二十世紀、それも八〇年代のバブル経済時代の生き方、それはいまやパロディの対象（タレントの平野ノラさんがそうするように！）にさえなっています。時代は世代交代とともに航路を転じたといってよいでしょう。

最近、「**ミニマリスト**」と呼ばれる人たちの生き方が話題になりました。いわゆる「断捨《だんしゃ》離《り》」、よけいなものを捨て、必要なものだけを身の回りにおくシンプルな生活を楽しむのを好む人々にあたえられた名でしたが、これは若い世代の間ではいまやごくフツーの生き方です。佐伯さんのおっしゃる「足るを知る」、「引き算の美学」はむしろ、いまの新しい世代の間に普遍化しつつある生き方にこそあてはまるのではないかと思えます。

つぎに後段、日本人から「無常観」が失われ、はかなさや「もののあはれ」がわたしたちの生き方に介在する余地がなくなっているという話ですが、率直にいって、佐伯さんが書かれているのは「無常観」ではなく、「いろは歌」が作り出した「無常感」だと思われます。

こうした伝統的な「無常感」がはたしてなくなっているという見方が当たっているのか、宮崎駿《はやお》さんの『千と千尋の神隠し』や押井守さんの『スカイ・クロラ』、新海誠さんの『君の名は。』など若い観客を魅了したアニメの名作をみるかぎり首をひねりたくなるところですが、百歩譲ってそうだとしても、それこそすべては変わってゆく「諸行無常」に照らして悲観的にとらえる必要がないものに思えます。

「無常」の原理は「ゼロ」であると書きました。「無常感」の情緒が消え去るとき、そこに現われるのは「無常」の本来の姿としての「ゼロ」の論理にほかなりません。

前章で、「ゼロ」の歴史的な起源を探ろうとするインドの『プロジェクト・ゼロ』についてとりあげました。

仏教の「無常」思想はいうまでもなくインドに生まれ、中国大陸経由で日本の風土に移植されたものでした。

ただ、――これは拙著『はじまりのブッダ』のなかで詳述しましたが――そもそもインド仏教の「無常」は「もののあはれ」といったウェットで情緒的なものではありませんでした。

ブッダが率いた集団をサンガといいますが、かれはわざわざサンガを町の郊外の死体捨て場にもうけました。この死体捨て場を中国人は「ゾッとして寒気がする」という意味をこめて「寒林《かんりん》」と経典のなかで訳しました。ブッダの基本思想は「無常」に尽きますが、かれは

「無常の真理」を悟る修行場として、捨てられた死体が腐乱し、膨れあがり、骨になってゆく一部始終を屍臭《ししゅう》につつまれ坐禅をくんで観察できる墓場こそがふさわしいと考えたわけですね。

インド仏教の「無常」、それは「いろは歌」の謳《うた》う山桜が咲く春の山中どころか、むしろ東日本大震災がひきおこしたような凄惨《せいさん》な現場を想定したものだった。それはわれわれを取り囲む剥きだしの現実、「ありのままま」の姿の観察にもとづいた、「いろは歌」の無常感に慣れた日本人の感覚からすれば「**ドライすぎる**」と感じられるものだったのです。

いま、「千年ぶりの地盤の動乱」の環境のなか、AI時代の深化のなかで立ち現われつつあるのは、この原初的な「ゼロ」の「無常観」にほかなりません。「無常」自体は滅びていない。甘ったるい「無常感」の情緒を希薄化させ、歴史的に見れば本来の「無常観」に**先祖返り**しつつあるにすぎません。その推進力となっているのはAI時代を呼吸し、適応をとげた新しい世代です。

メタリックな「無常」

いまわたしたちが目撃しつつあるのは、日本の戦国時代に起きた「無常」観念の大転換につぐ新たな転換、「無常」の二十一世紀的な再定義にもとづく、

の獲得のプロセスです。そしてこの「新しい」感性があるからこそ、わたしたちは人間と

機械の融合などという――ＳＦ作品ではとっくに予想はされていたものの――とりあえずは驚くべき事態に対処することができる。この生まれつつある感性を伝統的な「無常感」との齟齬《そご》ゆえに否定してしまうことは、ＩｏＴの社会を生まれながらに生きるＩｏＴネイティブの世代にとって、結果的にひどく残酷な仕打ちになるのではないでしょうか。

しかも、こうした「無常」をめぐる変貌は新しいと同時に古く、どこか古代的な郷愁をさそうものでさえある。すでにのべたように、それはインド仏教本来の「無常」への先祖返りという側面を合わせもっているからです。

西洋世界における文化的な伝播《でんぱ》は、古代ギリシャ→ローマ帝国→現在のヨーロッパ諸国という順番をたどりました。

これに対し、東洋における文化的な伝播は、インドと日本に関するかぎり、インド→中国大陸→日本という順番でみられました。

インド仏教、それは日本人にとっての古代ギリシャの宗教にあたります。しかもそれは日本と同じ多神教の文化です（ヒンドゥー教は日本における神道にあたる、とはインドの専門家たちがよく指摘するところです）。

もしそうだとするならば、なにを怖れる必要があるでしょうか？　佐伯啓思さんのおっしゃるようにそこでもし失われるものがあるとするならば、それは歴史的に出現した、「諸行無常」の真理からみればほとんど「つかのま」の日本文化の幻影にすぎません。

これからの日本人は、二十一世紀のテクノロジー社会を生きざるを得ない運命にあります。テクノロジーの「ゼロ化」のトレンドの加速の果てにくるもの、それはまちがいなく――シンギュラリティであろうがなかろうが――わたしたちが長年慣れ親しんできた「**人間であること**」**の幻想**の解体でしょう。

ポストヒューマン時代とはそのことであり、「諸行無常」の民の日本人は「無常」観念の二十一世紀的な転換によって人間の解体を飼い馴らす武器としての精神的ソフトをすでに得ているとわたしは信じています。

ロボ婚（ロボットとの結婚）時代が到来する

五十歳の時点で結婚を経験したことがない人の割合を「**生涯未婚率**」と呼びます。日本人の生涯未婚率は一九九〇年代に入ってから上昇する一方で、二〇一八年現在男性で四人に一人、女性で六人に一人が未婚ですが、二〇三五年をむかえる頃には未婚率は男性で三人に一人、女性で五人に一人になる。日本は世界で最先端をゆく「未婚大国」になるそうです。

現在は「ロボコン」というとエンジニアの卵たちが手製のロボットを戦わせて技術の腕前を競い合う「ロボットコンテスト」の意味で使われます。

が、ヒューマノイド型ロボットの速さの進化をみると、そう遠くない将来に男も女も気に入ったロボットをパートナーとする、

「**ロボ婚**」

の時代がやってくる。そうなると、古典的な戸籍制度にもとづく結婚のインセンティブ（動機づけ）がますます下がる一方で、人々が未婚の増加を嘆く時代があったことが、ピンとこない昔話になるかもしれません。

少し前、自分一人のライフスタイルを大切にし、あまりがつがつと人とつき合うのを好まない、

「**ソロ充**」

と呼ばれる人々が話題になりました。

しかし、よく考えてみれば、仏教というのはもともと「ソロ充」の教えでした。

もともとというのは、仏教の創始者ブッダの時代において、の意味です。

仏教は今から二千五百年ほど前にインドでブッダが修行の末に作りあげた教えです。

ブッダの修行の目的は最初から、

「**たった一人でいかに俗世を超越しストレスフリーな生活を送るか**」

つまり、いまの言葉でいえば、

「**いかにソロ充ライフをきわめ、幸福を得るか**」

にありました。そして人が一切のとらわれから解放され、心からソロ充ライフを楽しめる境地に達したとき、それを、

「**悟りの境地**」

と名づけたわけです。

ブッダがこの「悟り」を得た直後にかわしたある会話があります。『サンユッタニカーヤ』という古い経典に登場するものです。

そこでは、「悟り」の安らぎを独《ひと》り味わうブッダを見たある女性が色仕掛けで堕落させにかかります。

彼女はブッダにたずねます。

「いったいあなたは何が悲しくて、森のなかで一人瞑想しているのですか?

村で何か悪事でもはたらいたのですか?

なぜ人と付き合わないのでしょう?

あなたはだれとも友達にならないのですか?」

これに対してブッダは答えます。

「わたしは楽しい悟りをたった一人で味わっている。
それゆえに、わたしは人と付き合わない。
わたしはだれとも友達にならない」

まさに、

「**元祖ソロ充**」

ともいうべき発言です。

日本では仏教というと何やらストイックなイメージが先行しますが、ニーチェはこのブッダ以来の「ソロ充」志向の側面をとらえて、仏教は「**快楽主義者**」**の哲学**だとあっさりのべています。

「ソロ充」に似た言葉に「ぼっち」がありましたが、「ソロ充」にはそれとは異り自分から進んでそうした生活を選んだゆとりのようなものが感じられます。

「網にとらえられない風のように、泥水に汚されないハスのように、サイの角《つの》のように一人歩め」

とは、これも『スッタニパータ』という初期の経典にでてくるブッダの言葉です。ごぞんじの通り、サイは一角獣であることから、「**独りわが道を往く**」生き方のたとえにその角が使われることになりました。

「ソロ充」志向の人は日本にも昔からいたし、逆に「ソロ充」的な要素のまったくない日本人は珍しいでしょう。

SNSなどで「つながり」が大切にされる時代だと言われますが、これは古典的な意味における人間の希薄化の世界の到来をむかえて「生身《なまみ》」のつながりに代わる**二十一世紀的な他者とのつながり**の希求の高まりとみて間違いないのかもしれません。

IoT社会の葬儀――「ゼロ葬」

「**ゼロ葬**」という言葉があります。

宗教学者の島田裕巳さんが『0葬《ゼロ》　あっさり死ぬ』(集英社)という著書のなかで提出した新しい死者の葬り方で、簡単にいえば、

「遺骨の処理を火葬場にまかせ、引き取らない」

というやり方です。

いわば、葬儀における、

「**究極のミニマル化**」

の提唱ですが、支持者も多かった反面、案の定抵抗をおぼえる人々もいたようです。
島田さんは葬儀のあり方に非常な問題意識をもつ方で、「葬送の自由をすすめる会」の会長として、**自然葬**（**海や山林への散灰**）の普及運動の旗振り役をつとめてきましたが、「ゼロ葬」の提案には「ついてゆけない」と感じる高齢の世代の会員も少なくなかったようで、二〇一五年の総会で会長職をおりてしまいました。

このように議論を呼んだ「ゼロ葬」ですが、この考え方自体は、仏教からみるとそれほど不自然なものではありません。

ブッダの時代、インドの仏教徒は「墓」に関心をもたず、死ねば町の郊外の林のなかに捨てて野生動物や鳥に食わせるままにするか、そうでなければ遺体を河に流すか、火葬にして散灰《さんかい》してすませるのが一般的でした。

現在、インドで仏教は滅び、ヒンドゥー教が主流の国になっていますが、人が亡くなれば遺体は火葬され、河に流されます。インドの国外で亡くなった場合は、火葬した後、インドに運ばれた灰が神聖視されるガンジス河に流されるか、それが無理ならばガンジス河に見立てた現地の河に灰がまかれるのが普通で、墓は作りません。

同じように、仏教国のタイではいったん骨壺を仏壇に飾ったあと、散骨され、一般の人々の場合、墓はありません。

日本ではいま自然葬の割合が増える一方ですが、「寺離れのなかの仏教ブーム」という現在の状態が変わらないかぎり、この流れは今後もつづくでしょう。

ちなみに日本人の火葬率は現在、**九九・九八パーセントという驚異的な高さ**に達し、先進国をふくめて**世界で最も火葬の進んだ国**になっています。

「Gゼロ」の世紀は仏教の時代

死者をどう弔《とむら》うかは、人々がもつ死後の世界観と密接な関係をもっています。

日本は中国大陸経由でインドから仏教を輸入しましたが、その中国で仏教の世界の主流となったのが、

「禅仏教」

と

「浄土仏教」

の二本柱でした。

その際に問題になったのがインド仏教の「空」思想です。

このうち禅仏教は死後の世界について語らないので「空」思想とは基本的に矛盾をきたし

ませんでした。

これに対し、極楽浄土やその主の阿弥陀仏《あみだぶつ》（阿弥陀如来《にょらい》）の教えを説く浄土仏教は、大変な苦労を強いられることになりました。

あらゆるものが「空」、すなわち「ゼロ」であるならば、**「極楽浄土も阿弥陀仏もすべてゼロ、幻影のようなものだ」**ということになるからです。

事実、他の理屈はでてきようがない。

結局、極楽浄土も阿弥陀仏も――罪人の堕ちる地獄と同様――わたしたちの心のなかにあるのだ、という形で折り合いをつけたようですが、この「心」もまた「空」であることはいうまでもありません。

さらに、「心」だけではありません。「心」の器である「身体」も「空」。

人間の「自己」とは一般にこの「心」に「身体」を合わせたもの、「心身」のことだとされますから、仏教の「空」思想によると、

「**そもそも自己なんてあるようにみえるだけの話**。**本当はゼロなんだよ**」

ということになる。

もちろん「空」思想は、人間はだれもが「ゼロ」としての「自己」（「自分自身」）という運命を平等に分かち持つ、だからいとおしい存在なのだ、たがいに共感をもって生きるべきな

のだという考え方をとるわけですが、他方ではまた、人間はしょせん**歩く石ころ**にすぎない、まして滅び去った石ころにこだわることになんの意味があるのか、という発想もでてくるわけです。

島田さんの『0葬《ゼロ》あっさり死ぬ』に登場する、

「（われわれは）死者とともにある必要はない」

「死者とともに生きないという選択は、自らも死者となった後に生者とは生活をともにしないことを意味する」

「（そうした立場の）人間にふさわしい死に方があり、……死後の処理のされ方がある」

といった文章には、人間にまったく期待しない**醒《さ》めた達観**のようなものが感じられます。

いずれにせよ、こうした仏教にもとづく「空思想」の人生観において、他者への共感と**期待値のミニマル化**とは紙一重なのですが、AI（人工知能）やAR（拡張現実）のテクノロジーがIoT（いつでもどこでもインターネット＆コンピューター）のシステムと結びつくときなにが起きるか？

「もの／人間」

あるいは、

「現実／幻影」

といった境目の感覚は日々流動化し、曖昧になってゆく。

ＩｏＴが「もの」という「もの」に**虚構の**「**人格**」を許し、人がそれを空気のように受け入れる時代が訪れたとき、万物に「ゼロ」の相互浸透の原理が働く、

「ゼロの汎神論」

を感性の柱に据えた社会が到来することは、充分に想像のつくところです（というより、もうすでに足元に到来しつつあるかもしれません）。

最近、国際政治の分野で流行した、

「**Ｇゼロ**」

という言葉があります。米国の政治学者であるイアン・ブレマーさんの提唱によるもので、国際秩序に責任をもつ国家がなくなる、「ゼロ」になる事態をさして使われるようです。

「空」的な世界観になじんだ（なじみすぎた？）わたしのような人間には、これだけでもう、

「面白い時代がやってきた」

と思うところですが、現状を見るかぎり、日本人はうわべはいつもの悲観主義的な装いをとりつつ、ホンネでは「**なんとかなるさ**」**式の楽観主義**で飼い馴らそうとしているのではないか。「リトルロケットマン」によるミサイル発射実験騒動の真っ最中に、日本相撲協会 vs 貴乃花親方の「バトル」一色で染まった二〇一七年末から一八年初めにかけてのＴＶのワイ

ドショーを見るにつけそう感じざるをえませんでした。

グローバル仏教はポピュリズム志向

日本の中世にも**グローバル化**があったということをごぞんじでしょうか？

これは歴史家の與那覇潤《よなはじゅん》さんの『中国化する日本』（文藝春秋）がとりあげて以来、コアな歴史ファン以外にも知られるようになりましたが、中世といっても、

「平安末期～鎌倉中期」

西暦でいえば、

「十二世紀末から十三世紀前半」

にかけてのこと。

政治的には平家の政権から源氏政権への転換期をふくみますが、平安末期、「国際派」の平家政権は貿易商人・海賊と結んで、対外的な開放政策をとっていました。

この場合の「外」とは、中国――世界的帝国の「宋」（の国際貿易圏）――を意味しますが、その結果、当時の国際通貨である「宋銭《そうせん》」が日本の国内市場に洪水となって流入し、

「**日本の標準通貨**」

になります。

これは今日の時代に直せば、国際基軸通貨の米ドルが日本の標準通貨になることを意味しますが、一方で、こういう「非日本化現象」が国内的な反発をうむのもまた自然な話。保守的な公家貴族の一部からはいわゆる「**金銭万能主義**」への批判、

「近日天下上下の病悩はこれを銭の病と号す」（『百錬抄《ひゃくれんしょう》』）

という貿易の「オープン化」の副作用（「国のかたち」の溶解）をめぐる怒りが噴出することになります。

ここに、

「**グローバル化**」**vs**「**ナショナリズム**」

という現在の世界情勢を特色づける対立の図式の中世版を見出すのはそうむずかしくないでしょう。

ただ、興味深いのは――これは與那覇さんの本にはでてきませんが――この時代には、それに並行して、

「**エスタブリッシュメント**」**vs**「**ポピュリスト**」

というもう一つの――今はトランプ大統領や英国のBrexit（EU離脱）で話題の――対立の構図が先鋭化していたことで、第二部でとりあげた鎌倉の新仏教の「革新的」宗祖たちの多

くは、

「民心に迎合するポピュリスト」（「俗情と結ぶ不逞《ふてい》の輩《やから》」）、

べつの言葉でいえば、

「反知性主義の煽動者《せんどうしゃ》」

の烙印《らくいん》をエスタブリッシュメントから押されることになりました。

エスタブリッシュメントとは一般に政財界をふくむ既成のエリート層をさして使われる用語ですが、ここでは、当時の京都の政界と癒着的に一体化した「知性の殿堂」である比叡山が代表する精神的権威者たちの意味です。

かれらの新仏教の祖たちに対するあつかいはひどいもので、迫害をくわえ、法然や日蓮は流罪《るざい》の憂き目にあいました。流罪の大きな理由となったのがこの「煽動」の罪によってでした。

また、同じく鎌倉仏教のスターだった一遍もまた、流罪にこそなりませんでしたが、「危険人物」とみなされて鎌倉幕府から鎌倉への立ち入りを拒否されたほどです。

「ｗｅｂ社会の知」とグローバル仏教

鎌倉の新仏教の特色は、既成の学問仏教が権威のよりどころとした、「**古典的な教養知**」を時代にそぐわないので無意味とし、学問とは無縁な民衆に対し、だれにでもできる、「**最小限の『行《ぎょう》』**」をおこないさえすれば救済されると請け合った点にありました。伝統的な「学問仏教」に対する「民衆仏教」と対比されるゆえんですが、それが平安朝以来の教養の権威を守ろうとする伝統主義者からの「反知性主義」の助長者というレッテル貼りにつながったわけですね。

もっとも、法然や日蓮、それに一遍は本当は知性にめぐまれた傑物ぞろいで、比叡山が「反知性主義」とみなしたものは、実際には「**知性の相対化運動**」にすぎなかったのですが。十二世紀末から十三世紀前半にかけての第一次グローバル化は、従来型の「古典的教養」の「知」の聖域が有効性を失う、「**知の地殻変動**」に見舞われた時代でもありました。

これはぶ厚い読書体験に基礎づけられる、「**近代的教養の知**」

が衰退し、スマホ的な情報メディアによる、

「**web社会の知**」

にとってかわられた今の時代にも似た大きな変動だったといえるかもしれません。


日本のメディアは「ポピュリズム」というと、第二次世界大戦前の、

「反自由貿易運動の高揚→世界大戦の勃発」

という「**歴史の教訓**」をもちだすのがお好きなようです。

気持ちはわからなくありませんが、歴史の比較の対象を現代史に限るのはもったいない話ではないか。

歴史を近世以前にさかのぼらせ、

「米ドル」⟷「宋銭」

あるいは、

「教養知」⟷「仏教」

といったより個別的なテーマごとに比較を試みるとき、海外のメディアの焼き直しとはちがった形で、さらに面白い議論の広がりを期待できるのではないでしょうか。

スマホと仏教

電車なかでスマホの代わりに本を読むと「異彩を放つ」時代になったのはいつごろからでしょうか？

とこう書きながら、こういう問いかけ自体がもう古臭くなっていることを痛感しますが、「朝から晩までスマホばかりのぞいて若者は馬鹿になっている」というのは世界中どこの国でも偉い先生たちの日々の嘆きになっているようです。

なかでも、これを「**若者の宗教離れ**」の文脈で深刻にとらえているのが米国の一部のキリスト教関係者らしく、「スマートフォンなどの情報ツールが神（God）を殺した」と嘆いた人までいたとか。

たしかにいったんスマホに「ハマって」しまえば、「神」のことなど考えなくなるという心理はわかる気もしますが、日本ではこれと同様の問題はおそらく生じないでしょう。

なぜなら、第一に、日本にはキリスト教的な「神（God）」のプレゼンスがほとんどない。

第二に、日本人にとって「神（カミ）」は、とっくの昔から、あくまで**心の中にいる存在**になっているからです。

「笑う門《かど》には福来たる」

という言葉がありますが、

「信じる心に神宿る」

という発想ですね。

このように「神」や「仏」をふくめて万事を、

「心の構築物」

つまりフィクションだとみなす考え、これは一般に**「唯心論《ゆいしんろん》」**と呼ばれる立場に属しますが、それが仏教の伝統からきていることは、あまり気づかれていません。

日本は中国経由で仏教をインドから輸入したわけですが、そうして受容された仏教が「空」思想から出発したことはすでにこれまでのところでのべました。

「空」とは——しつこいようですが——「ものは固定的で不変の実体を欠く」、つまり「ゼロ」であるという考え方ですが、人間が「ゼロ」なら「神」もまた「ゼロ」。

日本が仏教の土着化（思考の基盤への浸透）の最後の総仕上げをおこなったのは江戸時代です。

そのころには、心学書と呼ばれた民衆向けの啓蒙書のなかで、

「神は空名《くうめい》なり」

という言葉がすでに登場していました。

日本では「空」思想を説く経典としては『般若心経《はんにゃしんぎょう》』が名高いですが、同じ「般若」（英訳はwisdom.智慧《ちえ》のことです）の名を冠した経典のグループのなかでも最も古い経典に『八千頌《はっせんじゅ》般若経』があります。

紀元前後に原形が成立したとされる経典ですが、そのなかに、

「**仏は名のみの存在である**」

という有名な言葉がでてきます。

「名のみ」とは「実体がない」ことをさし、いわゆる**唯名論**に立つ言葉ですが、これは、「仏も心の構築物である」という考えと手をつなぐとき、容易に唯心論に転化します。

「神は空名なり」は、この「空」思想をそっくり「神」にあてはめたものです。

また、

「**イワシの頭も信心から**」

ということわざは有名ですが、江戸時代、江戸の庶民の間で大流行したお伊勢参りも、実際には信心を口実にしたレジャーだったというのが実態でした。

わたしは、スマホ片手に**パワー・スポットめぐり**を楽しむ若者たちの表情に、「神々との遊戯」の現代版の匂いを感じることがあります。

あえて詩的に表現すれば、

「**はかなさの永遠**」のセンチメントを漂わせた、「ゼロの汎神論」の遊戯の世界。

さきほど押井守さんのアニメ『スカイ・クロラ』を「はかなさ」の感覚の世界の例としてあげましたが、この原作は森博嗣《もりひろし》さんの同名の小説。そこには、ポストヒューマン的な存在としてキルドレと呼ばれる若者たちが登場します。

人間が「ゼロ」なら、ポストヒューマンも「ゼロ」。二つを分けるものは何もない――。

アニメの「聖地巡礼」のブームは、作品上のキャラクターを、

「**二次元世界の神**」

としてつかのま戯れの対象とし、また戯れる自分を楽しむところに成立するのではないでしょうか？

わたしはスマホがなかった昭和の時代を知っていますが、昭和の頃からものなど考えない人間が大半でした。なんとなく気恥ずかしいので口では認めなかっただけです。

江戸時代の人々もたいていは似たようなものだったでしょう。

スマホの発明はこの虚栄心から日本人を解放しました。つまり、幸福にしてくれた、といっていいのでしょう。

おわりに――ＡＩ時代の仏教、その未来をめぐって

本書はＡＩの時代における仏教の可能性を探った本です。

米国の未来研究者のケヴィン・ケリーさんが二〇一六年に『〈インターネット〉の次にくるもの』（ＮＨＫ出版）という本を書きました。

そのなかで、ケリーさんはテクノロジーの二十一世紀的な加速によって、わたしたちが作る世界は「固定した名詞の世界から流動的な動詞の世界へ移動してゆく」とのべ、きたるべき世界の特色として、

①ビカミング（becoming）

②フローイング（flowing）

③インタラクティング（interacting）

④アクセシング（accessing）

などをあげました。

仏教の「空」の考え方がもたらす「**ゼロ**（zero）」**の世界観**、「もの」と「もの」との境界を無限に解体してゆく「**ゼロ化**」（zeronization）**のメカニズム**については、本書の第三部でくわしくとりあげました。

二〇一七年一月にトランプ大統領が就任し、「米国第一主義」（アメリカファースト）の方針をうちだしTPPから離脱して以来、日本でもグローバル化の時代は終わったかとか、ポスト・グローバル化の時代が始まったかといった議論がもちあがったことはごぞんじの通りですが、あまり意味のある話には思えません。

なぜなら、今日の世界を変えているのはテクノロジーの「**超加速**」**といわれる爆発的な進化**であり、政治的・経済的なグローバル化は長期的にはテクノロジーがもたらす変化に左右されざるを得ないからです。

いま紹介したケヴィン・ケリーさんの『〈インターネット〉の次にくるもの』——いいタイトルなので使わせて頂きましたが、じつはこれは邦訳本のタイトル、原著のタイトルは『The inevitable』、すなわち「不可避なるもの」でした。

邦訳本の訳者はその「あとがき」でこうのべています。

「何が不可避なのか？　それはデジタル化したテクノロジーが持つ本質的な力の起こす変化だ。それは水が川上から川下に流れるように、太陽が東から西に沈むように、この世界に普遍的な真理である」（服部桂）

もっとも、その太陽も六十億年もたてば爆発してなくなり、そうなれば地球は消滅して、川上も川下もなくなり、あるのは「諸行無常」の真理ばかりなり、大宇宙はお釈迦様のてのひらの上にあったことが明かされてすべては終わるというわけですが、それはともかく、もしこのテクノロジーの超加速の流れが避けられないというならば、この問題にかぎってはわたしたちはそれこそ「仕方がない」楽天主義で対処するしかない。つまり、わたしたちが慣れ親しんできたもう一つの普遍的な思想、

「無常」（impermanence）

でやりぬくしかない。この「無常」をなりたたせる原理が「空」（ゼロ）であることについてくわしくは本文をご参照頂くとして、その「空」をのべた経典が『般若心経』。その『般若心経』にでてくる、

「**諸法空相《しょほうくうそう》**」

とは、「世界はゼロである」ということです。

人間という存在もまた世界の一部。その人間が「ゼロ」ならば、「ポストヒューマン」時代も、なにを怖れる必要があるのかということになります。**ヒューマンが「ゼロ」ならば「ポストヒューマン」**（**人間が終わった人間**）**もまた「ゼロ」**――これは誰でもわかる理屈でしょう。

「ゼロ」の思想がわたしたちに送る大きなメッセージは「変化を怖れるな」ということですが、もう一つ重要なメッセージをこの思想がもつことを忘れてはなりません。

それは、一切は「ゼロ」である以上、

「**あてになるものなどどこにもない**」

ということ。したがって、

「**なにもあてにするな**」

ということです。


本書の第一章の初めのところで、二〇一一年三月の東日本大震災後の日本列島の状態について、地震学者、火山学者の言葉を引いてこんなことを書きました。

「東日本大震災は日本の地盤の環境を決定的に変えてしまい、列島は（中略）千年ぶりの地盤の動乱の時期に入っており、日本全国どこで地震が起きるのかわからない『ロシアン・ルーレット状態』のもとにあるという」

ですが、自然だけではありません。「**Gゼロ**」という言葉に象徴される国際政治、日本という国、社会、身の回りの家族についてすら、すべては流動的なものであらざるを得なくなる。

少し前、わたしの本を読んだという読者の一人からこんな質問をうけたことがあります。

「LGBTの問題について仏教はどう考えますか？」

LGBTとは、レズビアン、ゲイ、バイセクシャル、トランスジェンダーの頭文字をとった**性的マイノリティ**をさす略語ですが、

「そもそも問題にする方がおかしい」

というのが質問者に対するわたしの答えでした。

というより、問題になりようがないのです。

たとえば、修学旅行先の京都や奈良のお寺で、男のようでありながら微妙に胸のふくよか

な仏像を見て、

「男なんですか？　女ですか？」

と質問する中学生がいますが、たいていのお坊さんからは、

「仏（ほとけ）さんは性を超えた存在です」

という答えが返ってきます。

簡単にいえば、中性的な存在だというわけですが、仏教の「空」思想の立場をとるかぎり、万物はわけへだてなく「ゼロ」、**男女の区別という発想自体**うまれない。

だから、日本や中国のお寺における「男女差別」は仏教の趣旨に反するとして批判の対象になってきたわけです。

日本では二〇一七年に東京の渋谷区が同性カップルに「パートナーシップ証明」を発行したのをきっかけに、同種の証明書をだす地方自治体もふえ、同性カップルを結婚した社員と同様の福利厚生の対象とする企業も珍しくなくなってきました。

ＬＧＢＴに対する社会的な認知の高まりは、今後の家族のあり方を確実に変えてゆくでしょう。

が、現在の「家族」に対する挑戦はそれだけではありません。さらに大きな挑戦として現実化するのが本文でふれた「**ロボ婚**」（**人型ロボットとの結婚**）の登場です。日本の人型ロボッ

トの進化はめざましいものです。薄気味悪いほど人間そっくりのロボットが登場しつつあります。いまは実験段階ですが、いずれ安価で手に入る日がくるでしょう。社員の間でこれらの人型ロボットとの同居が一般的になれば、企業は「結婚と同等のもの」とみなして家族手当の支給対象とするかもしれません。

これまた冗談のように聞こえるかもしれません。

しかし、ふりかえってみればわかる通り、人類の歴史は、人がいながらにして地球の裏側の相手と話したり、ロケットで月に飛んで行ったりと、先行する世代には冗談としか思えない事柄を実現してゆく歴史でもありました。

また、**ロボティクスの進化**によって大きな影響をうけるのは家族制度だけではありません。ロボットが一定の条件をクリアすれば「国民」と認めて「個人番号カード」(マイナンバー)が交付される日がくる可能性だってあるかもしれない。

そして、そこまでいけば、人型ロボット以外のロボットを国民と認めないのは差別だという訴訟がおこされたり、また、生身の人間としかセックスしない人間が「変態」あつかいされるといった問題も現実のものとなるかもしれません。

要するに、「**なんでもアリ**」の未来社会が到来するわけですが、「あらゆるものはゼロ」(諸法空相)と考える仏教からみれば、どうということもありません。一切は仏教の真理、「**諸行無常**」を証しだてる**エビデンス**にすぎないからです。

「太古の昔、火を道具として使うことが発見されて以来、人類史はテクノロジーの進化の歴史になった」とはよくいわれることですが、では、わたしたち人間はなぜテクノロジーの進化に賭けることをやめようとしないのでしょうか?

これについては色々と議論があるところですが、わたしは、煎《せん》じ詰めれば、人間がテクノロジーというものがもつ「本質」、コンピューター・テクノロジーの発明とその後の進化の加速は**始まった進化が不可避**であることを本能的に察知しているからだと思います。事実、コンピューター・テクノロジーの発明とその後の進化の加速はそうした直観の正しさを歴史上かつてない明瞭さで証明しつつあります。

そして、いま、コンピューターの計算能力の拡大は、さらに指数関数的な加速、時間・空間の双方のレベルにおける「ゼロ化のブレイクスルー」の高みに挑もうとしています。本文でもとりあげたシンギュラリティの宣教師レイ・カーツワイルさんの言葉を借りれば「テクノロジーの成長率の曲線が垂直に達する」時代が近づきつつあります。

そのような「**加速の加速**」の時代に、いままでのところ日本の産業社会が立ち遅れている感じは否めません。

それどころか、最先端のテクノロジーの分野をふくめて、あらゆる分野で「スピード勝負」に負けつつあるといってよいでしょう。

二〇一五年に「ニュートリノ振動の発見」によりノーベル物理学賞を受賞した梶田隆章さんが最近、二〇〇四年の国立大学の独立法人化の負の側面として、国からの補助金がカットされつづけた結果、若い学生たちが先端的研究をおこなおうにも「研究環境が急速に狭まってきているので、教育機関として大学が体をなさなくなってきている」と警鐘を鳴らしていました（「日本はノーベル賞受賞者がいなくなり後進国となる」『SAPIO』二〇一八・三・四）。

梶田さんはそのなかで企業側の問題点として「最先端人材へのリスペクトがあまりにもなさすぎると感じる。企業はイノベーションが必要で、そのためには能力があり、高等教育を受けた人材が必要だというのに、博士の採用に及び腰だという声も聞こえてくる。そういうことでこの先何十年とやっていけるのかと問いたい」と訴えています。

日本がデジタル革命に乗り遅れたのは、アナログ時代の成功体験にとらわれて伝統的な足し算で対処しようとしているからです。

マウスイヤーの時代の加速の特質が本文でのべた「ゼロ化のブレイクスルー」にあることを考えれば、解決法は明らかです。この決定的な変化、「加速の加速」に立ち向かえるのは「ゼロ」の原理しかありません。「1」や「2」ではない。

なぜなら、この世界の競争とは実質的に「ゼロ化」のポジション取りのことだからです。「ゼロ」に「1」や「2」を足せば勝つ——こうした足し算の神話は、すでに到来した「ゼロ化」を原理とするデジタル・テクノロジーの世界には通用しません。「ゼロ」に「1」や

「2」を掛けて得られる解は「ゼロ」、勝つのは「ゼロ」だからです。

結局、二十一世紀のテクノロジーの時代を勝ち抜くには「ゼロ」の世界の内側に入りこみ、わき目もふらず「ゼロ化」の加速の推進者のポジション取りをするしかありません。

そのためには「ゼロ」の哲学を再認識する必要がありますが、それに必要な文化的な資産は日本人は充分すぎるほどにたくわえている。「ゼロ」を「ゼロ」として使いこすための**世界最強の精神的ソフト**をもっている。あとはそのことを自覚し、活かす意思をもつだけでい い――というのが本文を通じて出したわたしの結論でした。

「**無常**」（impermanence）**の世界観**がもたらす、

「ものにこだわらない」

「原理主義的でない」

という日本人の生き方は、本来、なにがおきるのわからない、「なんでもアリ」の時代にこそ本領を発揮するものです。

とはいえ、どれほどめぐまれた資産をもっていても、活かす工夫をしなければ目減りする一方です。わたしたちに残された時間はそれほど多くはないのかもしれません。

本書が、あなたが「**無常の天分**」に目覚め、活用するための材料になることを祈っています。

最後になりましたが、本書の出版にあたっては、前著の『村上春樹と仏教 I・II』に引き続き、楽工社社長の日向泰洋さんにお世話になりました。この場をかりて厚く御礼申し上げます。

二〇一八年三月末日

平野純

主要参照文献　※本文中に明記したものをのぞく

S・ジョセフ（北川和子訳）『トラウマ後成長と回復』筑摩選書　２０１３
巽好幸『地震と噴火は必ず起こる 大変動列島に住むということ』新潮選書　２０１２
巽好幸『首都直下地震と破局噴火に備えよ！』週刊文春　２０１５・６・１１
矢田俊文『中世の巨大地震』吉川弘文館　２００９
高橋愛次『伊呂波歌考』三省堂　１９７４
小松英雄『いろはうた』講談社学術文庫　２００９
築島裕『歴史的仮名遣い その成立と特徴』中公新書　１９８６
小池清治『日本語はいかにつくられたか？』ちくま学芸文庫　１９９５
今野真二『かなづかいの歴史』中公新書　２０１４
乙竹岩造『日本庶民教育史』臨川書店　１９７０
高橋敏『江戸の教育力』ちくま新書　２００７
新編日本古典文学全集１『古事記』小学館　１９９７
三浦佑之『古事記を読みなおす』ちくま新書　２０１０
工藤隆『古事記誕生』中公新書　２０１２
布目潮渢・栗原益男『隋唐帝国』講談社学術文庫　１９９７
吉津宜英『法蔵』佼成出版社　２０１０
世界宗教史叢書１０『儒教史』山川出版社　１９８７
荒木見悟『新版 仏教と儒教』研文出版　１９９３
大久保良峻『天台教学と本覚思想』法蔵館　１９９８
大久保良峻編著『天台学探尋』法蔵館　２０１４
末木文美士『草木成仏の思想』サンガ　２０１５

村松剛『死の日本文化史』角川文庫 1981
西郷信綱『梁塵秘抄』講談社学術文庫 2017
植木朝子『梁塵秘抄の世界』角川選書 2009
新日本古典文学大系56『梁塵秘抄・閑吟集・狂言歌謡』岩波書店 1993
浅野建二校注『新訂 閑吟集』岩波文庫 1989
日本古典文学大系86『愚管抄』岩波書店 1967
美川圭『後白河天皇』ミネルヴァ書房 2015
美川圭『院政』中公新書 2006
大橋俊雄訳『法然全集』全三巻 春秋社 2010
相良亨著作集3『武士の思想』ぺりかん社 1993
佐藤弘夫『鎌倉仏教』ちくま学芸文庫 2014
伊吹敦『禅の歴史』法蔵館 2001
鍋島元隆監修・水野弥穂子訳註『道元禅師全集 第一巻 正法眼蔵1』春秋社 2002
柳田聖山訳『臨済録』中公クラシックス 2004
夢窓国師（川瀬一馬校注・現代語訳）『夢中問答集』講談社学術文庫 2000
東隆眞『信心銘拈提を読む』春秋社 2003
東隆眞『坐禅用心記に参ずる』大法輪閣 2007
日本仏教学会編『仏教における神秘思想』平楽寺書店 1975
日本仏教学会編『仏教における三昧思想』平楽寺書店 1976
渡辺宝陽・小松邦彰編『日蓮聖人全集 第七巻 信徒2』春秋社 1992
橘俊道・梅谷繁樹訳『一遍上人全集』全一巻 春秋社 1989
小林秀雄『古典と伝統について』講談社 1968
唐木順三『無常』筑摩書房 1964
大隅和雄『方丈記に人と栖の無常を読む』吉川弘文館 2004

松岡心平『中世芸能を読む』岩波セミナーブックス ２００２
竹内整一『「はかなさ」と日本人』平凡社新書 ２００７
平野宗浄監修・飯塚大展訳注『一休和尚全集 第四巻 一休仮名法語集』春秋社 ２００４
今泉淑夫『一休とは何か』吉川弘文館 ２００７
小野恭靖『戦国時代の流行歌』中公新書 ２０１２
神田千里『宗教で読む戦国時代』講談社選書メチエ ２０１０
海老沢有道・井出勝美・岸野久編著『キリシタン教理書』教文館 １９９３
ルイス・フロイス（岡田章雄訳注）『ヨーロッパ文化と日本文化』岩波文庫 １９９１
Ｉ・ベンダサン 山本七平訳『日本教について』文春文庫 １９７５
新編日本古典文学全集６４『仮名草子集』小学館 １９９９
新編日本古典文学全集６５『浮世草子集』小学館 ２０００
和辻哲郎・古川哲史校訂『葉隠』全三巻 岩波文庫１９４０〜４１
梶山雄一・丹治昭義訳『八千頌般若経Ｉ・II』中公文庫 ２００１
高橋尚夫・西野翠訳『維摩経』春秋社 ２０１１
中村元編訳『大乗仏典』筑摩書房 １９７６
中村元訳『ブッダのことば』岩波文庫 １９８４
並川孝儀『スッタニパータ』岩波書店 ２００８
並川孝儀『ゴータマ・ブッダ考』大蔵出版 ２００５
佐々木閑・宮崎哲弥『ごまかさない仏教』新潮選書 ２０１７
中村元監修『原始仏典Ｉ』全七巻 春秋社 ２００３〜０５
中村元監修『原始仏典II』全六巻 春秋社 ２０１１〜１４
西垣通『基礎情報学』ＮＴＴ出版 ２００４
西垣通『続基礎情報学』ＮＴＴ出版 ２００８
池田謙一監修『ＩＴと文明 サルからユビキタス社会へ』ＮＴＴ出版 ２００４

S・ラッシュ（相田敏彦訳）『情報批判論』NTT出版 2006
W・J・ミッチェル（渡辺俊訳）『サイボーグ化する私とネットワーク化する世界』NTT出版 2006
P・ヴィリリオ（竹内孝宏訳）『パニック都市 メトロポリティクスとテロリズム』平凡社 2007
鈴木謙介『ウェブ社会の思想〈偏在する私〉をどう生きるか』NHKブックス 2007
坂村健『不完全な時代 科学と感情の間で』角川oneテーマ21 2011
坂村健監修『コンピューターがネットと出会ったら』KADOKAWA 2015
加藤和彦『IoT時代のプラットフォーム戦略』中央経済社 2016
伊本貴士監修『IoTの教科書』日経BP社 2017
桑津浩太郎『2030年のIoT』東洋経済新報社 2015
大野治『IoTで激変する日本製造業ビジネスモデル』日刊工業新聞社 2016
M・シャナハン（ドミニク・チェン監訳）『シンギュラリティ』NTT出版 2016
レイ・カーツワイル（徳田英幸訳）『加速するテクノロジー』NHK出版 2007
レイ・カーツワイル他（吉成真由美インタビュー・編）『人類の未来 AI、経済、民主主義』NHK出版新書 2017
稲見昌彦『スーパーヒューマン誕生！人間はSFを超える』NHK出版新書 2016
落合陽一『超AI時代の生存戦略』大和書房 2017
樋口晋也・城塚音也『決定版AI 人工知能』東洋経済新報社 2017
小林雅一『AIの衝撃』講談社現代新書 2015
松尾豊『人工知能は人間を超えるか』角川EPUB選書 2015
J・バラット（水谷淳訳）『人工知能』ダイヤモンド社 2015
野村直之『人工知能が変える仕事の未来』日本経済新聞出版社 2017
浅田稔・國吉康夫『ロボットインテリジェンス』岩波書店 2006
藤田雅博・下村秀樹編『発達する知能』シュプリンガー・ジャパン 2008

季刊『大航海』No.69「脳・意識・文明」新書館　2009
梶田秀司編著『ヒューマノイドロボット』オーム社出版局　2005
本田幸夫『ロボット革命』祥伝社新書　2014
日経産業新聞編『ロボティクス最前線』日本経済新聞出版社　2016
大角暢之著・佐々木俊尚監修『RPA革命の衝撃』東洋経済新報社　2016
安部慶喜・金弘潤一郎『RPAの威力 ロボットと共に生きる働き方改革』日経BP社　2017
窪田新之助『日本発「ロボットAI農業」の凄い未来』講談社＋α新書　2017
斎藤環『戦闘美少女の精神分析』太田出版　2000
L・M・シルヴァー（楡井浩一訳）『人類最後のタブー バイオテクノロジーが直面する生命倫理とは』NHK出版　2007
E・アンテス（西田美緒子訳）『サイボーグ化する動物たち ペットのクローンから昆虫のドローンまで』白揚社　2016
新清士『VRビジネスの衝撃』NHK出版新書　2016
伊藤裕二『VRインパクト』ダイヤモンド社　2017
EYアドバイザリー・アンド・コンサルティング『VR・AR・MRビジネス最前線』日経BPムック　2017
杉本真樹『VR/AR医療の衝撃』ボーンデジタル　2017
岩井克人『貨幣論』ちくま学芸文庫　1998
岩井克人『二十一世紀の資本主義論』ちくま学芸文庫　2006
季刊『環』2000年秋号「貨幣とは何か」
岩村充『貨幣進化論』新潮選書　2010
野口悠紀雄『仮想通貨革命 ビットコインは始まりにすぎない』ダイヤモンド社　2014
英「エコノミスト」誌編集部（池村千秋訳）『通貨の未来 円・ドル・元』文藝春秋　2016
本山美彦『ドル化 米国金融覇権の道』シュプリンガー・フェアラーク東京　2001

P・L・グプタ（山崎元一・鬼生田顯英・古井龍介・吉田幹子訳）『インド貨幣史』刀水書房 2001
吉川洋『人口と日本経済 長寿、イノベーション、経済成長』中公新書 2016
河合雅司『未来の年表』講談社現代新書 2017
水野和夫『閉じてゆく帝国と逆説の21世紀経済』集英社新書 2017
イアン・ブレマー（有賀裕子訳）『自由市場の終焉』日本経済新聞出版社 2011
G・リッツァ（正岡寛司監訳・山本徹夫、山本光子訳）『無のグローバル化』明石書店 2005
ペッカ・ヒマネン（安原和見・山形浩生訳）『リナックスの革命 ハッカー倫理とネット社会の精神』河出書房新社 2001
佐伯啓思『シミュレーション社会の神話 意味喪失の時代を斬る』日本経済新聞社 1988
香山リカ『ソーシャルメディアの何が気持ち悪いのか』朝日新書 2014
竹内洋『教養主義の没落』中公新書 2003
竹内洋『学問の下流化』中央公論新社 2008
森本あんり『反知性主義』新潮選書 2015
島田裕巳『プア充』早川書房 2013
佐々木典士『ぼくたちに、もうモノは必要ない』ワニブックス 2015
K・シュワブ（世界経済フォーラム訳）『第四次産業革命』日本経済新聞出版社 2017
英「エコノミスト」誌編集部（土方奈美訳）『2050年の技術』文藝春秋 2017

参考文献　※以下は、本書を読む際に参考になる文献です。

『はじまりのブッダ　初期仏教入門』（平野純　河出書房新社　２０１４年）
ブッダの遺言は「あらゆるものは無常だ。怠りなく励め」だった。ブッダの「諸行無常」の教えは日本的な感傷と無縁の、ドライで即物的なものである。「無常」の誕生の背景を明らかにしている。

『謎解き般若心経』（平野純　河出書房新社　２０１５年）
日本で絶大な人気を誇る〈般若心経〉は「空」の教えをコンパクトにまとめた経典として知られている。〈般若心経〉を素材に「空」の思想を論じている。

『村上春樹と仏教』Ⅰ・Ⅱ（平野純　楽工社　２０１６年）
「グローバル作家」村上春樹の文学を支えるのは仏教的な「空」（ゼロ）の世界観である。デビュー以来の長編小説を材料に村上文学の「ポストヒューマン」的特質を解明している。

『裸の仏教』（平野純　芸術新聞社　２０１７年）
ブッダはわが子に「悪魔」と名づけた。ブッダが妻子を捨てたいきさつなど、経典が語りたがらない仏教の開祖のありのままの姿に迫った。

『ブッダの毒舌　逆境を乗り越える言葉』（平野純監修　芸術新聞社　２０１７年）
「癒されない、慰められない、痛いところを突かれまくる。でもクセになる。〝毒舌の極み〟ブッダの名言集」——本の帯のキャッチコピーより。

平野 純（ひらの・じゅん）

作家・仏教研究家。1953年東京生まれ。東北大学法学部卒。
1982年「日曜日には愛の胡瓜を」で第19回文藝賞受賞。
作家活動と並行してパーリ語、サンスクリット語等を習得し、
仏教（特に仏教理論と現代思想の関わり）を研究。
最近は「IoT、AI、VR等のテクノロジーと仏教」をテーマに
執筆している。

著書　『はじまりのブッダ』（河出書房新社）
『謎解き 般若心経』（河出書房新社）
『村上春樹と仏教』I・II（楽工社）
『裸の仏教』（芸術新聞社）
『ブッダの毒舌』（芸術新聞社）他多数

平野純ツイッター @news_hirano

装幀　加藤愛子（オフィスキントン）
DTP　株式会社ユニオンワークス

「無常先進国」ニッポン
AI時代を先取りする、日本仏教と日本人の世界観

●

2018年5月7日　第1刷

著　者　　平野 純

発行所　　株式会社楽工社
〒160-0023　東京都新宿区西新宿7-22-39-401
電話 03-5338-6331
www.rakkousha.co.jp

印刷・製本　　倉敷印刷株式会社

ISBN978-4-903063-83-6